DR. OETKER

Schüssel kuchen

»All in«-Rezepte für
schnelle Kuchen und Torten

DR. OETKER

Schüssel kuchen

»All in«-Rezepte für schnelle Kuchen und Torten

Vorwort

Eine tolle neue Idee – Schüsselkuchen sind einzigartig –
einzigartig einfach und schnell.

Die Basis für diese tollen Kuchen und Torten ist der von Dr. Oetker entwickelte
„All-in-Teig", was auf gut Deutsch bedeutet, dass alle Zutaten für den Teig
in eine Rührschüssel gegeben werden und mit den Rührbesen des Handrührgerätes
1–2 Minuten, erst langsam, dann schnell zu einem glatten Teig
verrührt werden. Mit einem einfachen Belag oder einer schnellen Füllung haben Sie
ruck, zuck einen tollen Kuchen auf dem Tisch.

Schneller und einfacher geht's fast nicht mehr. So sind diese Kuchen, Torten und
das Kleingebäck vor allem etwas für Anfänger und Wenigbäcker und alle
anderen werden ebenfalls ihre Freude an den neuen und leckeren 60 Rezepten haben.

Alle Rezepte sind von Dr. Oetker wie immer nachgekocht und so beschrieben,
dass sie Ihnen gelingen.

Abkürzungen

EL = Esslöffel

TL = Teelöffel

Msp. = Messerspitze

Pck. = Packung/Päckchen

g = Gramm

kg = Kilogramm

ml = Milliliter

l = Liter

evtl. = eventuell

geh. = gehäuft

gestr. = gestrichen

TK = Tiefkühlprodukt

°C = Grad Celsius

Ø = Durchmesser

E = Eiweiß

F = Fett

Kh = Kohlenhydrate

kcal = Kilokalorien

kJ = Kilojoule

Hinweise zu den Rezepten

Lesen Sie bitte vor der Zubereitung – besser noch vor dem Einkaufen – das Rezept einmal vollständig durch. Oft werden Arbeitsabläufe oder -zusammenhänge dann klarer.

Die in den Rezepten angegebenen Backtemperaturen und -zeiten sind Richtwerte, die je nach individueller Hitzeleistung des Backofens über- oder unterschritten werden können. Bitte beachten Sie deshalb bei der Einstellung des Backofens die Gebrauchsanweisung des Herstellers und machen Sie nach Beendigung der Backzeit eine Garprobe.

Zubereitungshinweise

Die Zubereitungszeit beinhaltet nur die Zeit für die eigentliche Zubereitung, die Backzeiten sind gesondert ausgewiesen. Längere Wartezeiten, wie z. B. Kühlzeiten, sind ebenfalls nicht mit einbezogen.

Kapitelübersicht

Kuchen aus der Form

Seite 8–41

Kuchen vom Blech

Seite 42–79

Kapitelübersicht

Torten

Muffin & Küchlein

Sirup-Erdnuss-Kuchen

Zutaten

Für den All-in-Teig:
80 g Weizenmehl
1 Pck. Pudding-Pulver
Sahne-Geschmack
1 gestr. TL Backpulver
50 g gesiebter Puderzucker
1 Eigelb (Größe M)
1 EL Wasser
1 EL dunkles Rübenkraut
80 g weiche Butter

1 EL dunkles Rübenkraut

100 g Honig-Erdnusskerne
½ TL Finesse Geriebene
Zitronenschale
500 ml (½ l) Schlagsahne
1 EL gesiebter Puderzucker
2 Pck. Sahnesteif

Zubereitungszeit:
40 Minuten, ohne Abkühlzeit
Backzeit:
8–10 Minuten je Boden

Insgesamt:
E: 50 g, F: 282 g, Kh: 203 g,
kJ: 14845, kcal: 3542

DAUERT ETWAS LÄNGER

1 Für den Teig Mehl mit Pudding-Pulver und Backpulver mischen, in eine Rührschüssel sieben. Puderzucker, Eigelb, Wasser, Rübenkraut und Butter hinzufügen. Die Zutaten mit Handrührgerät mit Rührbesen zunächst kurz auf niedrigster, dann auf höchster Stufe in etwa 2 Minuten zu einem glatten Teig verarbeiten.

2 Aus dem Teig 3 Böden backen, dazu jeweils ein Drittel des Teiges auf je einen Springformboden (Ø 26 cm, gefettet mit Backpapier belegt, so dass das Backpapier übersteht) streichen, dabei einen etwa 1 cm breiten Rand frei lassen.

3 Die Springformböden ohne Rand nacheinander auf dem Rost in den Backofen schieben.

Ober-/Unterhitze: etwa 200 °C (vorgeheizt)
Heißluft: etwa 180 °C (vorgeheizt)
Gas: Stufe 3–4 (vorgeheizt)
Backzeit: 8–10 Minuten je Boden.

4 Die Böden jeweils mit dem Backpapier von den Springformböden ziehen. Rübenkraut in einen kleinen Gefrierbeutel füllen, eine kleine Ecke abschneiden. Einen Gebäckboden sofort nach dem Backen in 12 Tortenstücke teilen. Stücke wieder zu einem Boden zusammensetzen. Mit dem Rübenkraut eine Spirale darauf spritzen. Alle Gebäckböden auf dem Backpapier erkalten lassen.

5 Erdnusskerne hacken und mit Zitronenschale mischen. Sahne mit Puderzucker und Sahnesteif steif schlagen.

(Fortsetzung Seite 10)

6 Einen Gebäckboden vorsichtig vom Backpapier lösen und auf eine Platte legen. Die Hälfte der Sahne auf den Gebäckboden streichen und mit der Hälfte der Erdnusskerne bestreuen. Den zweiten Gebäckboden ebenfalls vorsichtig vom Backpapier lösen und auf den bestrichenen Gebäckboden legen. Restliche Sahne darauf verteilen und mit den restlichen Erdnusskernen bestreuen. Die mit Rübenkraut verzierten Gebäckstücke schräg in die Sahne setzen. Die Torte mit einem Sägemesser in Stücke teilen und sofort servieren.

Tipp: *Damit die Torte knusprig bleibt, die Teigböden erst 15 Minuten vor dem Servieren mit der Sahne bestreichen.*

Umgedrehter Himbeerkuchen

Zutaten

Für den All-in-Teig:
165 g Weizenmehl
4 gestr. TL Backpulver
150 g Zucker
50 g Instant-Getränkepulver
Himbeer-Geschmack
1 Pck. Finesse Geriebene
Zitronenschale
4 Eier (Größe M)
165 g weiche Butter
250 g TK-Himbeeren

3 geh. EL Himbeerkonfitüre

1–2 EL abgezogene, gehobelte Mandeln

Zubereitungszeit:
30 Minuten
Backzeit:
30–35 Minuten

Insgesamt:
E: 53 g, F: 171 g, Kh: 362 g,
kJ: 13484, kcal: 3219

RAFFINIERT

1 Für den Teig Mehl mit Backpulver mischen und in eine Rührschüssel sieben. Zucker, Getränkepulver, Zitronenschale, Eier und Butter hinzufügen. Die Zutaten mit Handrührgerät mit Rührbesen zunächst kurz auf niedrigster, dann auf höchster Stufe in etwa 2 Minuten zu einem glatten Teig verarbeiten.

2 Gefrorene Himbeeren in eine Springform (Ø 26 cm, mit Backpapier belegt) geben, dabei 1–2 cm am Rand frei lassen. Den Teig vorsichtig vom Rand her darauf geben und glatt streichen. Die Form auf dem Rost in den Backofen schieben.

Ober-/Unterhitze: etwa 180 °C (vorgeheizt)
Heißluft: etwa 160 °C (nicht vorgeheizt)
Gas: Stufe 2–3 (nicht vorgeheizt)
Backzeit: 30–35 Minuten.

3 Den Kuchen auf einen mit Backpapier belegten Kuchenrost stürzen. Mitgebackenes Backpapier abziehen. Kuchen erkalten lassen.

4 Konfitüre durch ein Sieb in einen Topf streichen, mit ½ Esslöffel Wasser unter Rühren zum Kochen bringen, evtl. etwas einkochen lassen. Kuchenoberfläche und -rand damit bestreichen. Den Kuchenrand mit Mandeln bestreuen.

Exotik-Kuchen

Zutaten

Für den All-In-Teig:
100 g Weizenmehl
2 gestr. TL Backpulver
100 g Zucker
1 Pck. Vanillin-Zucker
3 Eier (Größe M)
100 g weiche Butter

Für die Buttercreme:
200 g weiche Butter
375 g Sahne-Vanille-Pudding
(Kühlregal)

Für den Belag:
1 Mango, 10 Litschis
1 Karambole (Sternfrucht)
1 reife Tamarillo (Baum-
tomate), 2 kleine Bananen
Zitronensaft, 100 g Physalis
(Kapstachelbeeren)
1 Clementine, 5 Datteln,
2 Baby-Ananas, 1 Papaya,
2 Feigen, ½ Granatapfel

2 Pck. Tortenguss, klar
500 ml (½ l) heller Traubensaft

Zubereitungszeit:
60 Minuten, ohne Kühlzeit
Backzeit:
etwa 20 Minuten

Insgesamt:
E: 62 g, F: 309 g, Kh: 604 g,
kJ: 23020, kcal: 5496

FÜR GÄSTE

1 Für den Teig Mehl mit Backpulver mischen und in eine Rührschüssel sieben. Restliche Zutaten hinzufügen und mit Handrührgerät mit Rührbesen zunächst kurz auf niedrigster, dann auf höchster Stufe in etwa 2 Minuten zu einem glatten Teig verarbeiten. Den Teig in eine Springform (Ø 26 cm, Boden gefettet, mit Backpapier belegt) füllen. Die Form auf dem Rost in den Backofen schieben.

Ober-/Unterhitze: etwa 200 °C (vorgeheizt)
Heißluft: etwa 180 °C (vorgeheizt)
Gas: Stufe 3–4 (vorgeheizt)
Backzeit: etwa 20 Minuten.

2 Den Gebäckboden aus der Form lösen, auf einen Kuchenrost stürzen, mitgebackenes Backpapier abziehen. Gebäckboden erkalten lassen.

3 Für die Buttercreme Butter geschmeidig rühren. Pudding (Zimmertemperatur) esslöffelweise unterrühren. Die Buttercreme auf den Gebäckboden geben, glatt streichen und kalt stellen.

4 Für den Belag Mango halbieren, entkernen, schälen, Fruchtfleisch in dünne Scheiben schneiden. Litschis aus den Schalen lösen, entkernen. Karambole und Tamarillo waschen, trockentupfen, in Scheiben schneiden. Bananen schälen, in Scheiben schneiden, sofort mit Zitronensaft beträufeln. Physalis aus ihren Pergamenthäutchen lösen, halbieren. Clementine schälen, in Scheiben schneiden. Datteln waschen, halbieren, entsteinen. Baby-Ananas schälen, vierteln, in kleine Stücke schneiden. Papaya längs halbieren, die Kerne entfernen. Die Hälften schälen und in Scheiben schneiden. Die Feigen schälen, der Länge nach in Scheiben schneiden. Granatapfelhälfte durch-schneiden und die Schale nach hinten biegen, bis alle Kerne herausfallen.

(Fortsetzung Seite 14)

5 Einen Tortenring um den Gebäckboden stellen. Die vorbereiteten Früchte mischen und kuppelartig auf die Buttercreme geben. Aus Tortengusspulver und Saft nach Packungsanleitung (aber ohne Zucker) einen Guss zubereiten, gleichmäßig auf den Früchten verteilen. Guss fest werden lassen. Tortenring lösen und entfernen.

Kasten-Streusel-Kuchen

Zutaten

Für den All-in-Teig:

300 g Weizenmehl

3 gestr. TL Backpulver

120 g Zucker

1 Prise Salz

30 g Mohnsamen

150 g Orangenmarmelade

4 Eier (Größe M)

200 g Butter oder Margarine

Für die Streusel:

125 g Marzipan-Rohmasse

50 g Weizenmehl

2 EL gesiebter Puderzucker

Puderzucker

1 Für den Teig Mehl mit Backpulver mischen und in eine Rührschüssel sieben. Zucker, Salz, Mohn, Orangenmarmelade, Eier und Butter oder Margarine hinzufügen. Die Zutaten mit Handrührgerät mit Rührbesen zunächst kurz auf niedrigster, dann auf höchster Stufe in etwa 2 Minuten zu einem glatten Teig verarbeiten.

2 Für die Streusel 3 Esslöffel von dem Teig in eine Schüssel geben. Restlichen Teig in eine Kastenform (28 x 11 cm, gefettet) geben und glatt streichen.

3 Marzipan-Rohmasse grob raspeln. Mehl, Puderzucker und Marzipanraspel zum Teig in die Schüssel geben und mit Handrührgerät mit Knethaken zu Streuseln verarbeiten (evtl. noch etwas Mehl hinzufügen).

4 Die Streusel auf dem Teig verteilen. Die Form auf dem Rost in den Backofen schieben.

Zubereitungszeit:

40 Minuten, ohne Abkühlzeit

Backzeit:

etwa 50 Minuten

Ober-/Unterhitze: etwa 180 °C (vorgeheizt)

Heißluft: etwa 160 °C (nicht vorgeheizt)

Gas: Stufe 2–3 (nicht vorgeheizt)

Backzeit: etwa 50 Minuten.

Insgesamt:

E: 89 g, F: 255 g, Kh: 529 g, kJ: 19909, kcal: 4755

5 Den Kuchen 10 Minuten in der Form stehen lassen, dann aus der Form lösen und auf einem Kuchenrost erkalten lassen. Den Kuchen mit Puderzucker bestäuben.

RAFFINIERT –
GUT VORZUBEREITEN

Zitronen-Waldmeister-Kuchen

Zutaten

Für den All-in-Teig:

250 g Weizenmehl

50 g Speisestärke

4 gestr. TL Backpulver

150 g Zucker

1 Pck. Vanillin-Zucker

4 Eier (Größe M)

einige Tropfen Zitronen-Aroma

200 g weiche Butter oder Margarine

80 ml Buttermilch

Für die Füllung:

250 g Mascarpone (italienischer Frischkäse)

2 EL Zitronensaft

1 EL gesiebter Puderzucker

2 Becher (je 125 g) Götterspeise Waldmeister (aus dem Kühlregal)

6 EL Schlagsahne

75 g Kuchenglasur Zitronen-Geschmack

Zubereitungszeit:
50 Minuten, ohne Kühlzeit

Backzeit:
45–55 Minuten

Insgesamt:
E: 76 g, F: 355 g, Kh: 485 g,
kJ: 22887, kcal: 5462

FÜR KINDER

1 Für den Teig Mehl mit Speisestärke und Backpulver mischen, in eine Rührschüssel sieben. Zucker, Vanillin-Zucker, Eier, Aroma, Butter oder Margarine und Buttermilch hinzufügen. Die Zutaten mit Handrührgerät mit Rührbesen zunächst kurz auf niedrigster, dann auf höchster Stufe in etwa 2 Minuten zu einem glatten Teig verarbeiten.

2 Den Teig in eine Kastenform (30 x 11 cm, gefettet) geben und glatt streichen. Die Form auf dem Rost in den Backofen schieben.

Ober-/Unterhitze: etwa 180 °C (vorgeheizt)
Heißluft: etwa 160 °C (nicht vorgeheizt)
Gas: Stufe 2–3 (nicht vorgeheizt)
Backzeit: 45–55 Minuten.

3 Den Kuchen 10 Minuten in der Form stehen lassen, dann aus der Form lösen und auf einem Kuchenrost erkalten lassen.

4 Für die Füllung 125 g Mascarpone, Zitronensaft und Puderzucker in einen hohen Rührbecher geben und cremig aufschlagen. Götterspeise in den Bechern mit einem Messer gitterartig einschneiden, herausnehmen und unter die Mascarpone-Creme heben.

5 Den Kuchen mit einem Messer der Länge nach keilförmig, bis auf etwa 2 cm, tief einschneiden, den Keil herausnehmen. Die Mascarpone-Creme in den Kuchen (Keil) füllen. Den ausgeschnittenen Kuchenkeil fein zerbröseln. Restlichen Mascarpone und Sahne in einen Rührbecher geben und cremig aufschlagen. Kuchenbrösel unterrühren. Die Masse kuppelartig auf den gefüllten Kuchen geben, andrücken und glatt streichen.

6 Kuchenglasur nach Packungsanleitung auflösen. Den Kuchen damit beträufeln. Kuchen etwa 1 Stunde kalt stellen.

Schneller Frankfurter Kranz

Zutaten

Für den All-in-Teig:
125 g Weizenmehl
100 g Speisestärke
1 Pck. Pudding-Pulver
Vanille-Geschmack
4 gestr. TL Backpulver
250 g gesiebter Puderzucker
2 Pck. Vanillin-Zucker
5 Eier (Größe M)
250 ml (¼ l) neutrales
Speiseöl
250 ml (¼ l) Eierlikör

Für die Füllung:
1 Glas Sauerkirschen
(Abtropfgewicht 370 g)
1 Pck. Tortenguss, rot
250 ml (¼) Sauerkirschsaft
aus dem Glas
1 EL Zucker

Für die Creme:
1 Pck. Galetta Vanille-
Geschmack (ohne Kochen)
375 ml (⅜ l) Milch
400 ml Schlagsahne
2 Pck. Sahnesteif

100 g Haselnusskrokant
Cocktailkirschen

Zubereitungszeit:
50 Minuten, ohne Kühlzeit
Backzeit:
etwa 60 Minuten

1 Für den Teig Mehl mit Speisestärke, Pudding-Pulver und Backpulver mischen, in eine Rührschüssel sieben. Restliche Zutaten hinzufügen und mit Handrührgerät mit Rührbesen zunächst kurz auf niedrigster, dann auf höchster Stufe in etwa 1 Minute zu einem glatten Teig verarbeiten. Den Teig in eine Kranzform (Ø 24 cm, gefettet, gemehlt) geben und glatt streichen. Die Form auf dem Rost in den Backofen schieben.

Ober-/Unterhitze: 180–200 °C (vorgeheizt)
Heißluft: 160–180 °C (nicht vorgeheizt)
Gas: etwa Stufe 3 (nicht vorgeheizt)
Backzeit: etwa 60 Minuten.

2 Gebäckkranz 10 Minuten in der Form stehen lassen, dann auf einen mit Backpapier belegten Kuchenrost stürzen, Gebäckkranz erkalten lassen, dann zweimal waagerecht durchschneiden.

3 Für die Füllung Sauerkirschen gut abtropfen lassen, Saft dabei auffangen und 250 ml (¼ l) Saft davon abmessen, evtl. mit Wasser auffüllen. Einen Guss aus Tortengusspulver, Saft und Zucker nach Packungsanleitung zubereiten. Sauerkirschen unterheben. Die Masse auf die untere Gebäcklage geben, kalt stellen.

4 Für die Creme aus Galetta und Milch – aber mit nur 375 ml (⅜ l) Milch – nach Packungsanleitung einen Pudding zubereiten. Sahne mit Sahnesteif steif schlagen und unterheben. Ein Viertel der Puddingcreme auf der Kirschmasse verteilen. Zweite Gebäcklage darauf legen. Wieder ein Viertel der Puddingcreme darauf streichen, mit der dritten Gebäcklage belegen. Den Kranz mit der Hälfte der restlichen Puddingcreme bestreichen. Die restliche Puddingcreme in einen Spritzbeutel mit Sterntülle füllen. Den Kranz damit verzieren, mit Krokant bestreuen und mit Cocktailkirschen garnieren.

(Fortsetzung Seite 20)

Insgesamt:

E: 89 g, F: 458 g, Kh: 895 g,
kJ: 34771, kcal: 8294

---

*RAFFINIERT –
MIT ALKOHOL*

Eierlikörkuchen-Abwandlung, Abbildung Seite 5: *Sie können den Teig auch in einer Gugelhupfform (Ø 22 cm, gefettet) zubereiten und bei gleicher Backofeneinstellung und Backzeit fertig backen. Den Kuchen vor dem Servieren mit Puderzucker bestäuben.*

Brauner Kuchen mit Fruchtcocktail

Zutaten

Zum Vorbereiten:
1 kleine Dose Fruchtcocktail
(Abtropfgewicht 250 g)

Für den All-in-Teig:
300 g Weizenmehl
1 Pck. Backpulver
2 gestr. TL gemahlener Zimt
125 g Zucker
125 g brauner Zucker
150 ml Speiseöl
3 Eier (Größe M)
150 g grob gemahlene
Cashewkerne

Puderzucker

Zubereitungszeit:
20 Minuten
Backzeit:
etwa 50 Minuten

Insgesamt:
E: 81 g, F: 239 g, Kh: 542 g,
kJ: 19270, kcal: 4603

EINFACH – SCHNELL

1 Zum Vorbereiten Fruchtcocktail in einem Sieb gut abtropfen lassen.

2 Für den Teig Mehl mit Backpulver und Zimt mischen, in eine Rührschüssel sieben. Beide Zuckersorten, Speiseöl und Eier hinzufügen. Die Zutaten mit Handrührgerät mit Rührbesen zunächst kurz auf niedrigster, dann auf höchster Stufe in etwa 2 Minuten zu einem glatten Teig verarbeiten. Cashewkerne und Fruchtcocktail unterheben.

3 Den Teig in eine Springform (Ø 26 cm, Boden gefettet) geben und glatt streichen. Die Form auf dem Rost in den Backofen schieben.

Ober-/Unterhitze: etwa 180 °C (vorgeheizt)
Heißluft: etwa 160 °C (nicht vorgeheizt)
Gas: Stufe 2–3 (nicht vorgeheizt)
Backzeit: etwa 50 Minuten.

4 Den Kuchen aus der Form lösen und auf einem Kuchenrost erkalten lassen. Mit Puderzucker bestäuben.

Tipp: *Sie können den Kuchen auch mit einem Guss aus Puderzucker und Saft besprenkeln und mit Cashewkernen garnieren.*

Teekuchen

Zutaten

Für den All-in-Teig:

250 g Weizenmehl

100 g Speisestärke

1 Pck. Backpulver

150 g brauner Zucker

4 Eier (Größe M)

1 Becher (150 g)

Crème fraîche

150 g weiche Butter

Für die Füllung:

1 Glas Pflaumenhälften

(Abtropfgewicht 385 g)

250 ml (¼ l) Wasser

5 Beutel grüner Tee

1 Pck. Tortenguss, klar

2 EL Zucker, 5 EL Pflaumen-

saft aus dem Glas

3 Becher (je 150 g)

Crème fraîche

2 EL gesiebter Puderzucker

1 Pck. Sahnesteif

1 EL brauner Zucker

einige dünne Täfelchen

Zartbitterschokolade

Zubereitungszeit:

1 Stunde, ohne Kühlzeit

Backzeit:

etwa 50 Minuten

Insgesamt:

E: 76 g, F: 343 g, Kh: 577 g,

kJ: 23779, kcal: 5702

GUT VORZUBEREITEN

1 Für den Teig Mehl mit Speisestärke und Backpulver mischen, in eine Rührschüssel sieben. Restliche Zutaten hinzufügen und mit Handrührgerät mit Rührbesen zunächst kurz auf niedrigster, dann auf höchster Stufe in etwa 2 Minuten zu einem glatten Teig verarbeiten. Den Teig in eine Springform mit Rohrboden (Ø 26 cm, gefettet) geben, glatt streichen. Die Form auf dem Rost in den Backofen schieben.

Ober-/Unterhitze: etwa 180 °C (vorgeheizt)
Heißluft: etwa 160 °C (nicht vorgeheizt)
Gas: Stufe 2–3 (nicht vorgeheizt)
Backzeit: etwa 50 Minuten.

2 Den Kuchen 10 Minuten in der Form stehen lassen, dann lösen und auf einem Kuchenrost erkalten lassen. Kuchen zweimal waagerecht durchschneiden.

3 Für die Füllung Pflaumenhälften gut abtropfen lassen, den Saft dabei auffangen. Pflaumenhälften in kleine Stücke schneiden. Wasser zum Kochen bringen, 2 Minuten abkühlen lassen. Teebeutel hinzugeben, Tee 3 Minuten ziehen lassen. Teebeutel herausnehmen. Tortengusspulver, Zucker und Pflaumensaft in einem Topf verrühren. Nach und nach den Tee (200 ml) unterrühren und kurz aufkochen lassen. Pflaumenstücke unterrühren. Die Masse auf der unteren Gebäcklage verteilen.

4 Crème fraîche, Puderzucker und Sahnesteif in einen hohen Rührbecher geben und mit Handrührgerät mit Rührbesen cremig aufschlagen. Ein Drittel der Crème-fraîche-Masse auf die Pflaumenmasse geben, glatt streichen. Kuchen wieder zusammensetzen. Restliche Crème-fraîche-Masse wellenförmig auf die Kuchenoberfläche streichen. Den Kuchen mindestens 1 Stunde kalt stellen.

5 Den Kuchen vor dem Servieren mit Zucker bestreuen. Die Schoko-Täfelchen in Stücke brechen und in die Creme stecken.

Stachelbeer-Kastenkuchen

Zutaten

Zum Vorbereiten:
1 Glas Stachelbeeren
(Abtropfgewicht 390 g)
1 Pck. (105 g) Zitronenkekse
(z. B. La Viva, Bahlsen oder
Azora-Kekse)

Für den All-in-Teig:
150 g Weizenvollkornmehl
250 g gesiebtes Weizenmehl
4 gestr. TL Backpulver
200 g Zucker
1 Prise Salz
4 Eier (Größe M)
250 g weiche Butter
1 Becher (150 g) Rahm-
joghurt mit Honig (von
Weihenstephan)

100 g abgezogene,
gemahlene Mandeln
50 g abgezogene,
gehobelte Mandeln
2 EL Zucker
30 g Butter

Zubereitungszeit:
40 Minuten, ohne Abkühlzeit
Backzeit:
60–70 Minuten

Insgesamt:
E: 113 g, F: 394 g, Kh: 632 g,
kJ: 27378, kcal: 6536

GUT VORZUBEREITEN

1 Zum Vorbereiten Stachelbeeren in einem Sieb abtropfen lassen. Etwa 40 g der Kekse beiseite legen. Restliche Kekse in einen Gefrierbeutel geben, Beutel verschließen. Kekse mit einer Teigrolle fein zerbröseln.

2 Für den Teig Weizenvollkornmehl mit Weizenmehl und Backpulver mischen, in eine Rührschüssel geben. Keksbrösel, Zucker, Salz, Eier, Butter und Joghurt hinzufügen. Die Zutaten mit Handrührgerät mit Rührbesen zunächst kurz auf niedrigster, dann auf höchster Stufe in etwa 2 Minuten zu einem glatten Teig verarbeiten.

3 Die Hälfte der Stachelbeeren vorsichtig unterheben. Den Teig in eine Kastenform (30 x 11 cm, gefettet) geben und glatt streichen.

4 Die beiseite gelegten Kekse in kleine Stücke brechen, mit den restlichen Stachelbeeren, Mandeln und den Zucker vermischen, auf dem Teig verteilen. Butter in Flöckchen darauf geben. Die Form auf dem Rost in den Backofen schieben.

Ober-/Unterhitze: etwa 180 °C (vorgeheizt)
Heißluft: etwa 160 °C (nicht vorgeheizt)
Gas: Stufe 2–3 (nicht vorgeheizt)
Backzeit: 60–70 Minuten.

5 Den Kuchen 10 Minuten in der Form stehen lassen, dann aus der Form lösen und auf einem Kuchenrost erkalten lassen.

Heidesandkuchen

Zutaten

Zum Vorbereiten:
250 g Butter
250 g Wildpreiselbeeren
(aus dem Glas)
2 EL blütenzarte
Haferflocken
1 TL Finesse Geriebene
Zitronenschale

Für den All-in-Teig:
250 g Weizenmehl
50 g Speisestärke
3 gestr. TL Backpulver
½ TL gemahlener Zimt
150 g Zucker
1 Pck. Vanillin-Zucker
1 Prise Salz
4 Eier (Größe M)

Für den Guss:
75 g helle Kuchenglasur,
Zitronen-Geschmack

Zum Bestäuben:
1 TL gemahlener Zimt

Zubereitungszeit:
50 Minuten, ohne Abkühlzeit
Backzeit:
50–60 Minuten

Insgesamt:
E: 63 g, F: 273 g, Kh: 540 g,
kJ: 20388, kcal: 4867

GUT VORZUBEREITEN

1 Zum Vorbereiten Butter in einem Topf bei mittlerer Hitze zerlassen und hellbraun werden lassen. Die Butter so lange abkühlen lassen, bis eine cremige Konsistenz entstanden ist. Preiselbeeren mit Haferflocken und Zitronenschale verrühren.

2 Für den Teig Mehl mit Speisestärke, Backpulver und Zimt mischen, in eine Rührschüssel sieben. Zucker, Vanillin-Zucker, Salz, Eier und die gebräunte Butter hinzufügen. Die Zutaten mit Handrührgerät mit Rührbesen zunächst kurz auf niedrigster, dann auf höchster Stufe in etwa 2 Minuten zu einem glatten Teig verarbeiten.

3 Den Teig dritteln. Ein Drittel des Teiges in eine Gugelhupfform (Ø 22 cm, gefettet) geben und glatt streichen. Die Hälfte der Preiselbeermasse in Form eines Ringes in die Mitte des Teiges geben. Zweites Teigdrittel darauf geben und glatt streichen. Restliche Preiselbeermasse wieder in Form eines Ringes in die Mitte des Teiges geben. Restlichen Teig darauf verteilen. Die Form auf dem Rost in den Backofen schieben.

Ober-/Unterhitze: etwa 180 °C (vorgeheizt, untere Einschubleiste)
Heißluft: etwa 160 °C (nicht vorgeheizt)
Gas: Stufe 2–3 (nicht vorgeheizt, untere Einschubleiste)
Backzeit: 50–60 Minuten.

4 Den Kuchen 10 Minuten in der Form stehen lassen, dann auf einen mit Backpapier belegten Kuchenrost stürzen und erkalten lassen.

5 Für den Guss Kuchenglasur nach Packungsanleitung auflösen. Den Kuchen damit beträufeln. Sobald der Guss anfängt trocken zu werden, ihn mit Zimt bestäuben. Guss trocknen lassen.

Geschichteter Käsekuchen

Zutaten

Zum Vorbereiten:
1 Dose Birnenhälften
(Abtropfgewicht 460 g)
100 g Amarettini
(italienisches Mandelgebäck)

Für den All-in-Teig:
150 g Weizenmehl
2 gestr. TL Backpulver
125 g Zucker
1 Pck. Vanillin-Zucker
1 Prise Salz
4 Eier (Größe M)
150 g weiche Butter oder
Margarine

2 Pck. (500 g) Speisequark
(20 % Fett i. Tr.)
1 Pck. Pudding-Pulver
Sahne-Geschmack

3 gestr. TL Kakaopulver

30 g weiche Butter

Zubereitungszeit:
50 Minuten, ohne Abkühlzeit
Backzeit:
50–60 Minuten

Insgesamt:
E: 116 g, F: 209 g, Kh: 463 g,
kJ: 17683, kcal: 4217

RAFFINIERT

1 Zum Vorbereiten Birnenhälften in einem Sieb abtropfen lassen. Amarettini in einen Gefrierbeutel füllen, Beutel verschließen. Amarettini mit einer Teigrolle zerbröseln.

2 Für den Teig Mehl mit Backpulver mischen, in eine Rührschüssel sieben. Zucker, Vanillin-Zucker, Salz, Eier und Butter oder Margarine hinzufügen. Die Zutaten mit Handrührgerät mit Rührbesen zunächst kurz auf niedrigster, dann auf höchster Stufe in etwa 2 Minuten zu einem glatten Teig verarbeiten.

3 Den Teig halbieren. Quark und Pudding-Pulver unter eine Teighälfte, Kakao unter die zweite Teighälfte rühren.

4 Den dunklen Teig (Kakaoteig) in eine Springform (Ø 26 cm, Boden gefettet) geben und glatt streichen. Zwei Drittel der Amarettinibrösel darauf streuen. Den hellen Teig (Quarkteig) darauf geben und glatt streichen.

5 Birnenhälften in Spalten schneiden und kreisförmig auf den Quarkteig legen. Mit den restlichen Amarettini-bröseln bestreuen. Butter in Flöckchen darauf verteilen. Die Form auf dem Rost in den Backofen schieben.

Ober-/Unterhitze: etwa 180 °C (vorgeheizt)
Heißluft: etwa 160 °C (nicht vorgeheizt)
Gas: Stufe 2–3 (nicht vorgeheizt)
Backzeit: 50–60 Minuten.

Kaffeekuchen

Zutaten

Für den All-in-Teig:

250 g Weizenmehl

4 gestr. TL Backpulver

150 g brauner Zucker
(Kandisfarin)

1 Pck. Bourbon-Vanille-
Zucker, 1 Msp. Salz

½ TL frisch geriebene
Muskatnuss

2 Eier (Größe M)

150 ml Speiseöl

150 ml Buttermilch

150 g weiche entsteinte
Backpflaumen

1 gestr. TL gemahlener Zimt

50 g Knusperflakes mit
Mandeln

Zum Bestäuben:
Puderzucker
gemahlener Zimt

Außerdem:
8 Papierstreifen

Zubereitungszeit:
25 Minuten, ohne Abkühlzeit

Backzeit:
etwa 40 Minuten

Insgesamt:
E: 52 g, F: 177 g, Kh: 453 g,
kJ: 15116, kcal: 3608

RAFFINIERT − EINFACH

1 Für den Teig Mehl mit Backpulver mischen und in eine Rührschüssel sieben. Braunen Zucker, Vanille-Zucker, Salz, Muskat, Eier, Speiseöl und Buttermilch hinzufügen. Die Zutaten mit Handrührgerät mit Rührbesen zunächst kurz auf niedrigster, dann auf höchster Stufe in etwa 1 Minute zu einem glatten Teig verarbeiten.

2 Zwei Drittel des Teiges in eine Springform (Ø 26 cm, Boden gefettet) geben und glatt streichen. Die Form auf dem Rost in den Backofen schieben und den Kuchen vorbacken.

Ober-/Unterhitze: etwa 180 °C (vorgeheizt)
Heißluft: etwa 160 °C (vorgeheizt)
Gas: Stufe 2–3 (vorgeheizt)
Backzeit: etwa 15 Minuten.

3 Die Form auf einen Kuchenrost stellen. Backpflaumen in kleine Würfel schneiden. Den restlichen Teig mit Backpflaumenwürfeln und Zimt verrühren, auf den vorgebackenen Kuchen streichen. Mit Knusperflakes bestreuen. Die Form wieder auf dem Rost in den Backofen schieben und den Kuchen fertig backen.

Ober-/Unterhitze: etwa 180 °C (vorgeheizt)
Heißluft: etwa 160 °C (vorgeheizt)
Gas: Stufe 2–3 (vorgeheizt)
Backzeit: etwa 25 Minuten.

4 Den Kuchen aus der Form lösen und auf einem Kuchenrost erkalten lassen.

5 Zum Bestäuben Puderzucker mit Zimt mischen. Die Kuchenoberfläche mit Papierstreifen belegen. (je 4 Streifen längs und 4 Streifen quer, so dass ein Karo entsteht). Mit der Puderzucker-Zimt-Mischung bestäuben. Papierstreifen vorsichtig abnehmen.

Kiwi-Kranz-Kuchen

Zutaten

Für den All-in-Teig:

350 g Weizenmehl

70 g Speisestärke

1 Pck. Backpulver

170 g brauner Zucker

5 Eier (Größe M)

200 g zerlassene, abgekühlte
Butter oder Margarine

200 ml Buttermilch

50 g fein gehacktes Zitronat

Für die Füllung:

6–7 Kiwis (etwa 500 g)

100 g brauner Zucker

Schale von ½ Bio-Zitrone
(unbehandelt, ungewachst)

40 g Speisestärke

4 EL Zitronensaft

1 EL Wasser

200 g weiche Butter

100 g gesiebter Puderzucker

Zum Garnieren:

2 Kiwis

Zubereitungszeit:

50 Minuten, ohne Saftzieh-
und Abkühlzeit

Backzeit:

45–55 Minuten

Insgesamt:

E: 88 g, F: 374 g, Kh: 811 g,
kJ: 29349, kcal: 7009

GUT VORZUBEREITEN

1 Für den Teig Mehl mit Speisestärke und Backpulver mischen, in eine Rührschüssel sieben. Braunen Zucker, Eier, Butter oder Margarine, Buttermilch und Zitronat hinzufügen. Die Zutaten mit Handrührgerät mit Rührbesen zunächst kurz auf niedrigster, dann auf höchster Stufe in etwa 2 Minuten zu einem glatten Teig verarbeiten.

2 Den Teig in eine Springform mit Rohrboden (Ø 26 cm, Boden gefettet) geben und glatt streichen. Die Form auf dem Rost in den Backofen schieben.

Ober-/Unterhitze: etwa 180 °C (vorgeheizt)
Heißluft: etwa 160 °C (nicht vorgeheizt)
Gas: Stufe 2–3 (nicht vorgeheizt)
Backzeit: 45–55 Minuten.

3 Den Kuchen etwa 10 Minuten in der Form stehen lassen, dann aus der Form lösen und auf einen mit Backpapier belegten Kuchenrost stürzen. Kuchen erkalten lassen, anschließend zweimal waagerecht durchschneiden.

4 Für die Füllung Kiwis schälen, Stielansätze herausschneiden. Kiwifleisch in kleine Würfel schneiden. Kiwiwürfel mit Zucker in einem Topf mischen, etwa 10 Minuten zum Saft ziehen stehen lassen. Anschließend zugedeckt bei schwacher Hitze etwa 10 Minuten dünsten. Zitronenschale hinzufügen.

5 Speisestärke mit Zitronensaft und Wasser anrühren. Angerührte Speisestärke unter Rühren in die von der Kochstelle genommene Kiwimasse geben und unter Rühren etwa 1 Minute kochen lassen. Kiwimasse abkühlen lassen.

6 Butter mit Puderzucker in einer Rührschüssel schaumig rühren. Nach und nach Kiwimasse unterrühren.

(Fortsetzung Seite 34)

7 Den unteren Gebäckboden auf eine Platte legen. Die Hälfte der Kiwi-Butter-Creme darauf verteilen. Den mittleren Gebäckboden darauf legen, leicht andrücken und mit der restlichen Kiwi-Butter-Creme bestreichen. Mit dem oberen Boden belegen und andrücken.

8 Zum Garnieren Kiwis schälen, Stielansätze entfernen. Kiwis der Länge nach halbieren und in Scheiben schneiden. Die Kuchenoberfläche mit den Kiwischeiben garnieren.

Käsekuchen ohne Boden

Zutaten

2 Pck. (je 200 g) Doppel-rahm-Frischkäse
500 g Magerquark
1 Pck. Pudding-Pulver Vanille-Geschmack
2 Becher (je 150 g) saure Sahne
4 Eigelb (Größe M)
150 g Zucker
2 Pck. Vanillin-Zucker
2 Pck. Finesse Geriebene Zitronenschale
150 ml Speiseöl
125 ml (⅛ l) Milch
4 Eiweiß (Größe M)

Zubereitungszeit:
20 Minuten, ohne Abkühlzeit
Backzeit:
etwa 70 Minuten

Insgesamt:
E: 151 g, F: 364 g, Kh: 248 g, kJ: 20368, kcal: 4861

EINFACH

1 Für den Teig Frischkäse, Quark, Pudding-Pulver, saure Sahne, Eigelb, Zucker, Vanillin-Zucker, Zitronenschale, Speiseöl und Milch in eine Rührschüssel geben. Die Zutaten mit Handrührgerät mit Rührbesen zunächst kurz auf niedrigster, dann auf höchster Stufe in etwa 1 Minute verrühren. Eiweiß steif schlagen und vorsichtig unterheben.

2 Die Masse in eine Springform (Ø 26 cm, Boden gefettet) geben und glatt streichen. Die Form auf dem Rost in den Backofen schieben.

Ober-/Unterhitze: etwa 170 °C (vorgeheizt, untere Einschubleiste)
Heißluft: etwa 150 °C (nicht vorgeheizt)
Gas: Stufe 2–3 (nicht vorgeheizt, untere Einschubleiste)
Backzeit: etwa 70 Minuten.

3 Die Form auf einen Kuchenrost stellen. Den Kuchen etwa 2 Stunden in der Form abkühlen lassen, dann aus der Form lösen und auf eine Tortenplatte legen.

Tipp: *Den Kuchen nach der Hälfte der Backzeit mit Backpapier zudecken. Vor dem Servieren mit Puderzucker bestäuben.*

Liebeskuchen

Zutaten

Für den All-in-Teig:

150 g Weizenmehl

2 gestr. TL Backpulver

75 g Weizengrieß

1 Pck. Finesse Geriebene Zitronenschale

Saft von 1 Zitrone

150 g gesiebter Puderzucker

4 Eier (Größe M)

125 g zerlassene, abgekühlte Butter oder Margarine

Für den Belag:

150 g Zucker

100 g flüssiger Honig

5 EL Schlagsahne

Saft von 1 Zitrone

1 Pck. Finesse Geriebene Zitronenschale

75 g abgezogene, gehobelte Mandeln

Zubereitungszeit:
30 Minuten, ohne Abkühlzeit

Backzeit:
etwa 40 Minuten

Insgesamt:
E: 69 g, F: 190 g, Kh: 550 g,
kJ: 17566, kcal: 4194

FÜR KINDER

1 Für den Teig Mehl mit Backpulver mischen und in eine Rührschüssel sieben. Grieß, Zitronenschale, -saft, Puderzucker, Eier und Butter oder Margarine hinzufügen. Die Zutaten mit Handrührgerät mit Rührbesen zunächst kurz auf niedrigster, dann auf höchster Stufe in etwa 2 Minuten zu einem glatten Teig verarbeiten.

2 Den Teig in eine Springform (Ø 26 cm, Boden gefettet) geben und glatt streichen. Die Form auf dem Rost in den Backofen schieben und den Boden vorbacken.

Ober-/Unterhitze: etwa 180 °C (vorgeheizt)
Heißluft: etwa 160 °C (vorgeheizt)
Gas: Stufe 2–3 (vorgeheizt)
Backzeit: etwa 25 Minuten.

3 In der Zwischenzeit für den Belag Zucker, Honig, Sahne, Zitronensaft und -schale in einem kleinen Topf unter Rühren zum Kochen bringen und gut aufkochen lassen. Mandeln unterrühren.

4 Die Form auf einen Kuchenrost stellen. Die Mandelmasse auf den vorgebackenen Boden streichen. Die Form wieder auf dem Rost in den Backofen schieben und den Kuchen fertig backen.

Ober-/Unterhitze: etwa 180 °C (vorgeheizt)
Heißluft: etwa 160 °C (vorgeheizt)
Gas: Stufe 2–3 (vorgeheizt)
Backzeit: etwa 15 Minuten.

5 Die Form auf einen Kuchenrost stellen. Den Rand sofort mit einem Messer lösen. Den Kuchen in der Form erkalten lassen, dann aus der Form lösen und auf eine Tortenplatte legen.

Rotweinherz

Zutaten

Für den All-in-Teig:

125 g Weizenmehl

2 gestr. TL Kakaopulver

3 gestr. TL Backpulver

125 g Zucker

1 Pck. Vanillin-Zucker

½ Fläschchen Butter-Vanille-Aroma, 1 Prise Salz

1 gestr. TL gemahlener Zimt

3 Eier (Größe M)

125 g zerlassene, abgekühlten Butter oder Margarine

75 ml (5 EL) Rotwein

75 g fein gehackte Blockschokolade

Für den Guss:

250 g gesiebter Puderzucker

etwas Wasser

rote, gelbe und grüne Speisefarbe

Nach Belieben:

Fondantrosen

Zubereitungszeit:

45 Minuten, ohne Abkühlzeit

Backzeit:

etwa 45 Minuten

Insgesamt:

E: 44 g, F: 153 g, Kh: 520 g, kJ: 15361, kcal: 3668

*ZUM VERSCHENKEN –
MIT ALKOHOL*

1 Für den Teig Mehl mit Kakao und Backpulver mischen, in eine Rührschüssel sieben. Zucker, Vanillin-Zucker, Aroma, Salz, Zimt, Eier, Butter oder Margarine, Rotwein und Schokolade hinzufügen. Die Zutaten mit Handrührgerät mit Rührbesen zunächst kurz auf niedrigster, dann auf höchster Stufe in etwa 1 Minute zu einem glatten Teig verarbeiten.

2 Den Teig in eine Herzform (1,5 l Inhalt, gefettet, gemehlt) geben und glatt streichen. Die Form auf dem Rost in den Backofen schieben.

Ober-/Unterhitze: 180–200 °C (vorgeheizt)
Heißluft: 160–180 °C (nicht vorgeheizt)
Gas: etwa Stufe 3 (nicht vorgeheizt)
Backzeit: etwa 45 Minuten.

3 Das Gebäckherz 10 Minuten in der Form stehen lassen, dann aus der Form lösen und auf einem Kuchenrost erkalten lassen.

4 Für den Guss Puderzucker mit Wasser zu einer dickflüssigen Masse verrühren. Die Masse in 3 Portionen teilen, jeweils mit roter, gelber und grüner Speisefarbe einfärben. Das Gebäckherz portionsweise damit überziehen. Durch leichtes Bewegen des Kuchenrostes soll der Guss ineinander laufen. Nach Belieben mit Fondantrosen garnieren.

Tipp: *Den Teig in eine Rehrückenform (30 cm, gefettet, gemehlt) geben und backen oder Zutaten verdoppeln und den Teig in einer Napfkuchenform (Ø 22 cm) backen. Das Rotweinherz kann anstelle von Rotwein mit rotem Traubensaft zubereitet werden. Anstelle Blockschokolade können im Traubensaft eingeweichte Rosinen verwendet werden. Der Guss schmeckt sehr gut, wenn er anstelle von Wasser mit Rotwein oder Traubensaft zubereitet wird.*

Orangen-Rum-Kuchen

Zutaten

Für den All-in-Teig:

300 g Weizenmehl

1 Pck. Backpulver

250 g Zucker

1 Pck. Vanillin-Zucker

1 Pck. Finesse Orangenfrucht

1 Pck. Finesse Geriebene
Zitronenschale

4 Eier (Größe M)

200 g zerlassene, abgekühlte
Butter oder Margarine

125 ml (⅛ l) Buttermilch

100 g fein gewürfeltes
Orangeat

Zum Tränken:

Saft von je 1 Zitrone und
1 Orange, 125 g Zucker

1 Pck. Finesse Orangenfrucht

1 Pck. Finesse Geriebene
Zitronenschale, 3 EL Rum

**Nach Belieben zum
Bestäuben:**
Puderzucker

Zubereitungszeit:
30 Minuten, ohne Abkühlzeit
Backzeit:
etwa 50 Minuten

Insgesamt:
E: 67 g, F: 198 g, Kh: 712 g,
kJ: 20899, kcal: 4989

*FRUCHTIG −
MIT ALKOHOL*

1 Für den Teig Mehl mit Backpulver mischen und in eine Rührschüssel sieben. Zucker, Vanillin-Zucker, Orangenfrucht, Zitronenschale, Eier, Butter oder Margarine und Buttermilch hinzufügen. Die Zutaten mit Handrührgerät mit Rührbesen zunächst kurz auf niedrigster, dann auf höchster Stufe in etwa 1 Minute zu einem glatten Teig verarbeiten. Orangeat unterheben.

2 Den Teig in eine Springform (Ø 26 cm, Boden gefettet) geben und glatt streichen. Die Form auf dem Rost in den Backofen schieben.

Ober-/Unterhitze: etwa 180 °C (vorgeheizt)
Heißluft: etwa 160 °C (nicht vorgeheizt)
Gas: Stufe 2−3 (nicht vorgeheizt)
Backzeit: etwa 50 Minuten.

3 Die Form auf einen Kuchenrost stellen. Die Kuchenoberfläche mit einem Holzstäbchen mehrmals einstechen.

4 Zum Tränken Zitronen- und Orangensaft, Zucker, Orangenfrucht und Zitronenschale in einen kleinen Topf geben, unter Rühren zum Kochen bringen und einkochen lassen, bis die Masse etwas dicklich wird, dann Rum unterrühren. Den warmen Kuchen damit tränken. Kuchen abkühlen lassen, dann aus der Form lösen und auf einem Kuchenrost erkalten lassen. Nach Belieben mit Puderzucker bestäuben.

Obstkuchen mit Buttermilch

Zutaten

Für den All-in-Teig:

3 Tassen (300 g) Weizen-
mehl, 1 Pck. Backpulver

2 Tassen (300 g) Zucker

1 Pck. Vanillin-Zucker

3 Eier (Größe M)

½ Pck. (125 g) zerlassene,
abgekühlte Butter

100 ml Buttermilch

Für den Belag:

2 Dosen Cocktailfrüchte
(Abtropfgewicht je 500 g)

2 Pck. Quarkfein Vanille-
Geschmack, 1 Pck. Quarkfein
Zitronen-Geschmack

400 ml Buttermilch

500 g Magerquark

Für den Guss:

3 Pck. Tortenguss, klar

750 ml (¾ l) Fruchtsaft aus
der Dose

Zubereitungszeit:
35 Minuten, ohne Abkühlzeit

Backzeit:
etwa 20 Minuten

1 Für den Teig Mehl mit Backpulver mischen und in eine Rührschüssel sieben. Zucker, Vanillin-Zucker, Eier, Butter und Buttermilch hinzufügen. Die Zutaten mit Handrührgerät mit Rührbesen zunächst kurz auf niedrigster, dann auf höchster Stufe in etwa 1 Minute zu einem glatten Teig verarbeiten.

2 Den Teig auf ein Backblech (30 x 40 cm, gefettet) geben und glatt streichen. Das Backblech in den Backofen schieben.

Ober-/Unterhitze: etwa 180 °C (vorgeheizt)
Heißluft: etwa 160 °C (vorgeheizt)
Gas: Stufe 2–3 (vorgeheizt)
Backzeit: etwa 20 Minuten.

3 Das Backblech auf einen Kuchenrost stellen. Den Gebäckboden erkalten lassen. Einen Backrahmen darumstellen.

4 Für den Belag Cocktailfrüchte in einem Sieb gut abtropfen lassen, den Saft dabei auffangen und 750 ml (¾ l) davon abmessen, evtl. mit Wasser auffüllen.

5 Quarkfein nach Packungsanleitung, aber mit der angegebenen Menge Buttermilch, zubereiten. Quark unterrühren. Die Masse auf den Gebäckboden geben und glatt streichen. Cocktailfrüchte darauf verteilen.

(Fortsetzung Seite 44)

6 Für den Guss aus Tortengusspulver mit dem aufgefangenen Fruchtsaft nach Packungsanleitung (aber ohne Zucker) einen Guss zubereiten und auf den Früchten verteilen. Kuchen etwa 2 Stunden kalt stellen. Backrahmen lösen und entfernen.

Limetten-Rum-Kuchen

Zutaten

Für den All-in-Teig:

250 g Weizenmehl

2 gestr. TL Backpulver

2 Pck. Pudding-Pulver
Vanille-Geschmack

250 g Zucker

2 Pck. Bourbon-Vanille-
Zucker, 3 EL Rum

1 Pck. Finesse Geriebene
Zitronenschale

4 Eier (Größe M)

250 g zerlassene, abgekühlte
Butter oder Margarine

Für den Guss:

Saft und Schale von etwa
3 Bio-Limetten (unbehandelt,
ungewachst)

200 g gesiebter Puderzucker

Zubereitungszeit:

35 Minuten, ohne Abkühlzeit

Backzeit:

etwa 30 Minuten

1 Für den Teig Mehl mit Backpulver und Pudding-Pulver mischen, in eine Rührschüssel sieben. Zucker, Vanille-Zucker, Rum, Zitronenschale, Eier und Butter oder Margarine hinzufügen. Die Zutaten mit Handrührgerät mit Rührbesen zunächst kurz auf niedrigster, dann auf höchster Stufe in etwa 2 Minuten zu einem glatten Teig verarbeiten.

2 Den Teig auf ein Backblech (30 x 40 cm, gefettet) geben und glatt streichen. Das Backblech in den Backofen schieben.

Ober-/Unterhitze: etwa 180 °C (vorgeheizt)
Heißluft: etwa 160 °C (vorgeheizt)
Gas: Stufe 2–3 (vorgeheizt)
Backzeit: etwa 30 Minuten.

3 Das Backblech auf einen Kuchenrost stellen. Den Kuchen erkalten lassen.

4 Für den Guss Limetten gründlich waschen und abtrocknen. Von den Limetten die Schalen mit einem Zestenreißer abziehen. Limetten auspressen. Puderzucker und Limettensaft zu einem dickflüssigen Guss verrühren. Den Kuchen damit überziehen, Limettenschalen sofort auf dem Guss verteilen. Guss fest werden lassen.

Tipp: *Für den Guss anstelle von Limettenschalen 2 Päckchen Finesse Geriebene Zitronenschale verwenden.*

Schokokuss-Kuchen

Zum Vorbereiten:
18 Schokoküsse (450 g)

Für den All-in-Teig:
300 g Weizenmehl
3 gestr. TL Backpulver
170 g Zucker
1 Pck. Vanillin-Zucker
1 Prise Salz
4 Eier (Größe M)
100 ml Zitronensprudel
180 g weiche Butter oder Margarine

1 Glas (210 g) Wildpreiselbeeren

Für den Belag:
250 g Mascarpone (italienischer Frischkäse)
250 g Magerquark
2 Pck. Sahnesteif

Zubereitungszeit:
40 Minuten, ohne Abkühlzeit
Backzeit:
20–25 Minuten

Insgesamt:
E: 119 g, F: 333 g, Kh: 804 g,
kJ: 28409, kcal: 6762

RAFFINIERT –
FÜR KINDER

1 Zum Vorbereiten die Waffelböden von den Schokoküssen ablösen und beiseite legen. Die Schaummasse der Schokoküsse in eine Schüssel geben und beiseite stellen.

2 Für den Teig Mehl mit Backpulver mischen und in eine Rührschüssel sieben. Zucker, Vanillin-Zucker, Salz, Eier, Sprudel und Butter oder Margarine hinzufügen. Die Zutaten mit Handrührgerät mit Rührbesen zunächst kurz auf niedrigster, dann auf höchster Stufe in etwa 2 Minuten zu einem glatten Teig verarbeiten.

3 Den Teig auf ein Backblech (30 x 40 cm, gefettet) geben und glatt streichen. Die beiseite gelegten Waffeln mit der Gitterseite nach oben auf dem Teig verteilen. Auf jede Waffel 1 Teelöffel von den Preiselbeeren geben. Das Backblech in den Backofen schieben.

Ober-/Unterhitze: etwa 180 °C (vorgeheizt)
Heißluft: etwa 160 °C (vorgeheizt)
Gas: Stufe 2–3 (vorgeheizt)
Backzeit: 20–25 Minuten.

4 Das Backblech auf einen Kuchenrost stellen. Den Kuchen erkalten lassen und in 18 gleich große Stücke schneiden.

5 Für den Belag Mascarpone, Quark und Sahnesteif in eine Rührschüssel geben und mit Handrührgerät mit Rührbesen auf höchster Stufe verrühren. Die beiseite gestellte Schaummasse der Schokoküsse vorsichtig unterheben.

6 Die Creme in einen Spritzbeutel mit großer Lochtülle (Ø 1,5 cm) füllen und jeweils einen großen hohen Tupfen auf die Waffeln spritzen oder mit einem Esslöffel auf die Waffeln geben. Restliche Preiselbeeren als Spitze darauf geben.

Gewickelte Mango-Ricotta-Schnitten

Zutaten

Zum Vorbereiten:
100 g Amarettini (italienisches Makronengebäck)

Für den All-in-Teig:
2 gestr. TL Backpulver
70 g blütenzarte Haferflocken
40 g Zucker, 4 Eier (Größe M)
70 g weiche Butter

Für die Füllung:
2 Dosen Mangoscheiben
(Abtropfgewicht je 250 g))
375 g Ricotta (italienischer Frischkäse), 30 g Zucker
2 Pck. Sahnesteif
200 ml Schlagsahne

12 ganze Mandeln

Außerdem:
12 Papierförmchen

Zubereitungszeit:
50 Minuten, ohne Abkühlzeit
Backzeit:
10–15 Minuten

Insgesamt:
E: 91 g, F: 237 g, Kh: 306 g,
kJ: 15644, kcal: 3732

RAFFINIERT

1 Zum Vorbereiten Amarettini in einen Gefrierbeutel geben, Beutel verschließen. Amarettini mit der Teigrolle sehr fein zerbröseln und in eine Rührschüssel geben. Backpulver, Haferflocken, Zucker, Eier und Butter hinzufügen. Die Zutaten mit Handrührgerät mit Rührbesen zunächst kurz auf niedrigster, dann auf höchster Stufe in etwa 2 Minuten zu einem glatten Teig verarbeiten. Den Teig auf ein Backblech (30 x 40 cm, mit Backpapier belegt) geben und glatt streichen. Das Backblech in den Backofen schieben.

Ober-/Unterhitze: etwa 200 °C (vorgeheizt)
Heißluft: etwa 180 °C (vorgeheizt)
Gas: Stufe 3–4 (vorgeheizt)
Backzeit: 10–15 Minuten.

2 Die noch heiße Gebäckplatte auf ein entsprechend großes, mit Zucker bestreutes Stück Backpapier stürzen, mitgebackenes Backpapier abziehen. Gebäckplatte erkalten lassen.

3 Für die Füllung Mangoscheiben abtropfen lassen. Ein Viertel der Mangoscheiben in Spalten schneiden, beiseite legen. Restliche Mangoscheiben in Würfel schneiden. Ricotta mit Zucker und 1 Päckchen Sahnesteif cremig aufschlagen. Sahne mit dem zweiten Päckchen Sahnesteif steif schlagen und unterheben.

4 Die Creme auf die Gebäckplatte streichen, dabei an den Längsseiten einen etwa 2 cm breiten Rand frei lassen. Mangowürfel darauf verteilen. Die bestrichene Gebäckplatte mit Hilfe des Backpapiers von der langen Seite her aufrollen, leicht andrücken. Rolle mindestens 30 Minuten kalt stellen.

5 Die Mango-Ricotta-Rolle in 12 Scheiben schneiden und in die Papierförmchen legen. Mit den beiseite gelegten Mangospalten und Mandeln garnieren.

Makronenkuchen

Zutaten

Für den All-in-Teig:

300 g Weizenmehl

2 gestr. TL Backpulver

125 g Zucker

1 Pck. Vanillin-Zucker

1 Prise Salz

4 Eigelb (Größe M)

200 g weiche Butter oder Margarine

200 ml Milch

Für den Belag:

4 Eiweiß (Größe M)

200 g Zucker

200 g Kokosraspel

Zubereitungszeit:
25 Minuten, ohne Abkühlzeit
Backzeit:
etwa 35 Minuten

Insgesamt:
E: 81 g, F: 337 g, Kh: 570 g,
kJ: 23484, kcal: 5608

EINFACH –
GUT VORZUBEREITEN

1 Für den Teig Mehl mit Backpulver mischen und in eine Rührschüssel sieben. Zucker, Vanillin-Zucker, Salz, Eigelb, Butter oder Margarine und Milch hinzufügen. Die Zutaten mit Handrührgerät mit Rührbesen zunächst kurz auf niedrigster, dann auf höchster Stufe in etwa 2 Minuten zu einem glatten Teig verarbeiten.

2 Den Teig auf ein Backblech (30 x 40 cm, gefettet) geben und glatt streichen. Das Backblech in den Backofen schieben und den Boden vorbacken.

Ober-/Unterhitze: etwa 180 °C (vorgeheizt)
Heißluft: etwa 160 °C (vorgeheizt)
Gas: Stufe 2–3 (vorgeheizt)
Backzeit: etwa 20 Minuten.

3 Für den Belag Eiweiß steif schlagen, Zucker nach und nach hinzufügen, Kokosraspel vorsichtig unterheben. Die Masse auf dem vorgebackenen Boden verteilen. Nach Belieben die Oberfläche mit Hilfe eines Tortengarnierkammes wellenförmig verzieren. Das Backblech wieder in den Backofen schieben und den Kuchen fertig backen.

Ober-/Unterhitze: etwa 160 °C (vorgeheizt)
Heißluft: etwa 140 °C (vorgeheizt)
Gas: Stufe 1–2 (vorgeheizt)
Backzeit: etwa 15 Minuten.

4 Das Backblech auf einen Kuchenrost stellen, den Kuchen erkalten lassen. Nach Belieben in Rauten, Rechtecke oder Quadrate schneiden.

Tipp: *Das Gebäck kann mehrere Tage in einer gut schließenden Dose aufbewahrt werden. Den erkalteten Makronenkuchen mit aufgelöster Schokolade besprenkeln.*

Gesprenkelter Kirschlikuchen

Zutaten

Zum Vorbereiten:
2 Gläser Sauerkirschen
(Abtropfgewicht je 360 g)

Für den All-in-Teig:
300 g Weizenmehl
3 gestr. TL Backpulver
15 g Kakaopulver
200 g Zucker
2 Pck. Vanillin-Zucker
1 Pck. Finesse Amaretto-
Bittermandel-Aroma
4 Eier (Größe M)
½ Pck. (125 g) Magerquark
125 g zerlassene, abgekühlte
Butter oder Margarine

200 g Kirschkonfitüre

Zum Besprenkeln:
50 g Zartbitterschokolade

Zubereitungszeit:
30 Minuten, ohne Abkühlzeit
Backzeit:
etwa 25 Minuten

Insgesamt:
E: 90 g, F: 163 g, Kh: 733 g,
kJ: 20180, kcal: 4815

FRUCHTIG – FÜR GÄSTE

1 Zum Vorbereiten Sauerkirschen in einem Sieb gut abtropfen lassen.

2 Für den Teig Mehl mit Backpulver und Kakao mischen, in eine Rührschüssel sieben. Zucker, Vanillin-Zucker, Aroma, Eier, Quark und Butter oder Margarine hinzufügen. Die Zutaten mit Handrührgerät mit Rührbesen zunächst kurz auf niedrigster, dann auf höchster Stufe in etwa 2 Minuten zu einem glatten Teig verarbeiten.

3 Den Teig auf ein Backblech (30 x 40 cm, gefettet) geben und glatt streichen. Sauerkirschen darauf verteilen. Das Backblech in den Backofen schieben.

Ober-/Unterhitze: etwa 180 °C (vorgeheizt)
Heißluft: etwa 160 °C (vorgeheizt)
Gas: Stufe 2–3 (vorgeheizt)
Backzeit: etwa 25 Minuten.

4 Das Backblech auf einen Kuchenrost stellen. Konfitüre gut verrühren. Den Kuchen sofort damit bestreichen. Kuchen erkalten lassen.

5 Zum Besprenkeln Schokolade in Stücke brechen, in einem kleinen Topf im Wasserbad unter Rühren schmelzen. Schokolade in ein Pergamentpapiertütchen füllen und eine kleine Ecke abschneiden. Den Kuchen damit besprenkeln. Schokolade fest werden lassen.

Karnevalskuchen

Zutaten

Zum Vorbereiten:
100 g Orangeat
6 EL Orangensaft

Für den All-in-Teig:
250 g Weizenmehl
4 gestr. TL Backpulver
150 g Zucker
4 Eier (Größe M)
150 g weiche Butter oder
Margarine

Zum Beträufeln:
350 ml Orangensaft
100 g Zucker
1 TL Finesse Orangenfrucht

Zum Garnieren:
100 g Marzipan-Rohmasse
70 g gesiebter Puderzucker
rote, grüne und gelbe
Speisefarbe nach Belieben

Zubereitungszeit:
60 Minuten, ohne Einweich-
und Abkühlzeit
Backzeit:
15–20 Minuten

Insgesamt:
E: 71 g, F: 196 g, Kh: 675 g,
kJ: 19935, kcal: 4761

FRUCHTIG

1 Zum Vorbereiten Orangeat fein hacken, in eine Schüssel geben, mit Orangensaft beträufeln und 15 Minuten einweichen.

2 Für den Teig Mehl mit Backpulver mischen und in eine Rührschüssel sieben. Zucker, Eier, Butter oder Margarine und eingeweichtes Orangeat hinzufügen. Die Zutaten mit Handrührgerät mit Rührbesen zunächst kurz auf niedrigster, dann auf höchster Stufe in etwa 2 Minuten zu einem glatten Teig verarbeiten. Den Teig auf ein Backblech (30 x 40 cm, gefettet) geben und glatt streichen. Das Backblech in den Backofen schieben.

Ober-/Unterhitze: etwa 180 °C (vorgeheizt)
Heißluft: etwa 160 °C (vorgeheizt)
Gas: Stufe 2–3 (vorgeheizt)
Backzeit: 15–20 Minuten.

3 Zum Beträufeln Orangensaft, Zucker und Orangenfrucht in einem weiten Topf unter Rühren zum Kochen bringen, bei mittlerer Hitze unter mehrmaligem Rühren 10 Minuten einkochen lassen (ergibt etwa 150 ml). Das Backblech auf einen Kuchenrost stellen. Den Kuchen sofort mit einem Holzstäbchen mehrmals einstechen und mit dem Sirup beträufeln. Den Kuchen erkalten lassen.

4 Zum Garnieren Marzipan-Rohmasse mit Puderzucker verkneten. Marzipanmasse dritteln und nach Belieben mit Speisefarbe einfärben. Die gefärbten Marzipanstücke aneinander setzen und auf einer mit Puderzucker bestäubten Arbeitsfläche etwa 1 mm dünn ausrollen. Mit einem Teigrädchen etwa ½ cm breite Streifen schneiden. Streifen wie Papierschlangen aufrollen. Aus dem restlichen Marzipan Konfetti ausschneiden. Den Kuchen in Rhomben schneiden. Marzipanschlangen darauf legen. Kuchenstücke mit Konfetti bestreuen.

Tipp: *Nach Belieben zum Tränken 6 Esslöffel von dem Orangensaft durch weißen oder braunen Rum ersetzen.*

Bananenkuchen

Zutaten

Für den All-in-Teig:

270 g Weizenmehl

3 gestr. EL (16 g) Kakao-pulver

3 gestr. TL Backpulver

150 g Zucker

1 Pck. Bourbon-Vanille-Zucker

1 Prise Salz

4 Eier (Größe M)

4 EL brauner Rum

250 g weiche Butter oder Margarine

3 frische Bananen

Für den Belag:

500 g Crème fraîche

30 g gesiebter Puderzucker

2 Pck. Sahnesteif

1–2 EL Zimt-Zucker

etwa 50 g Bananen-Chips

Zubereitungszeit:

30 Minuten, ohne Abkühlzeit

Backzeit:

etwa 20 Minuten

Insgesamt:

E: 81 g, F: 412 g, Kh: 529 g, kJ: 26120, kcal: 6261

MIT ALKOHOL

1 Für den Teig Mehl mit Kakao und Backpulver mischen, in eine Rührschüssel sieben. Zucker, Vanille-Zucker, Salz, Eier, Rum und Butter oder Margarine hinzufügen. Die Zutaten mit Handrührgerät mit Rührbesen zunächst kurz auf niedrigster, dann auf höchster Stufe in etwa 2 Minuten zu einem glatten Teig verarbeiten. Bananen schälen, in kleine Stücke schneiden und unterrühren.

2 Den Teig auf ein Backblech (30 x 40 cm, gefettet) geben und glatt streichen. Das Backblech in den Backofen schieben.

Ober-/Unterhitze: etwa 200 °C (vorgeheizt)
Heißluft: etwa 180 °C (vorgeheizt)
Gas: Stufe 3–4 (vorgeheizt)
Backzeit: etwa 20 Minuten.

3 Das Backblech auf einen Kuchenrost stellen, den Kuchen erkalten lassen.

4 Für den Belag Crème fraîche in eine Schüssel geben, Puderzucker mit Sahnesteif mischen, hinzufügen und mit Handrührgerät mit Rührbesen auf höchster Stufe steif schlagen.

5 Den Kuchen in Stücke teilen. Mit zwei Esslöffeln jeweils einen dicken Klecks Crème fraîche auf die Kuchenstücke geben.

6 Vor dem Servieren Zimt-Zucker auf die Crème-fraîche-Kleckse streuen und mit Bananen-Chips garnieren.

Tipp: *Den Rum können Sie z. B. durch Bananennektar oder flüssigen Bananenjoghurt ersetzen. Anstelle der frischen Bananen können Sie auch sehr klein gehackte Bananenchips unter den Teig rühren.*

Butter-Nuss-Kuchen

Für den All-in-Teig:
250 g Weizenmehl
1 Pck. Trockenhefe
100 g gemahlene Haselnusskerne
125 g brauner Zucker
2 Pck. Vanillin-Zucker
1 Prise Salz
2 Eier (Größe M)
100 g weiche Butter oder Margarine
150 ml lauwarme Milch

Für den Belag:
50 g Walnusskernhälften oder Pistazienkerne
75 g Butter
75 g gehobelte Haselnusskerne
1 Becher (150 g) Crème fraîche
50 g Zucker

Zubereitungszeit:
30 Minuten, ohne Teiggehzeit
Backzeit:
25–30 Minuten

Insgesamt:
E: 83 g, F: 356 g, Kh: 407 g, kJ: 21486, kcal: 5137

EINFACH – SCHNELL

1 Für den Teig Mehl in eine Rührschüssel sieben, mit Trockenhefe mischen. Haselnusskerne, Zucker, Vanillin-Zucker, Salz, Eier, Butter oder Margarine und Milch hinzufügen. Die Zutaten mit Handrührgerät mit Knethaken zunächst kurz auf niedrigster, dann auf höchster Stufe in etwa 2 Minuten zu einem zähflüssigen Teig verarbeiten. Den Teig leicht mit Mehl bestäuben und so lange an einem warmen Ort gehen lassen, bis er sich sichtbar vergrößert hat.

2 Den Teig auf ein Backblech (30 x 40 cm, gefettet) geben, mit etwas Mehl bestäuben, mit der bemehlten Handfläche glatt drücken und nochmals mindestens 40 Minuten an einem warmen Ort gehen lassen, bis der Teig sich sichtbar vergrößert hat.

3 Für den Belag Walnusskernhälften oder Pistazienkerne klein hacken. Butter in Flöckchen auf dem Teig verteilen. Gehobelte Haselnusskerne und gehackte Walnusskernhälften oder Pistazienkerne auf den Teig streuen. Crème fraîche kleckseweise auf dem Nussbelag verteilen. Mit Zucker bestreuen. Das Backblech in den Backofen schieben.

Ober-/Unterhitze: etwa 200 °C (vorgeheizt)
Heißluft: etwa 180 °C (vorgeheizt)
Gas: Stufe 3–4 (vorgeheizt)
Backzeit: 25–30 Minuten.

Himbeer-Dickmilch-Kuchen

Zutaten

Für den All-in-Teig:

125 g Weizenmehl

25 g Speisestärke

1 geh. EL Kakaopulver

3 gestr. TL Backpulver

100 g Zucker

1 Pck. Vanillin-Zucker

3 Eier (Größe M)

60 g weiche Butter oder
Margarine

Für den Belag:

10 Blatt weiße Gelatine

1 Bio-Limette (unbehandelt,
ungewachst)

1 kg Dickmilch

150 g Zucker

1 Pck. Vanillin-Zucker

400 ml Schlagsahne

250 g Himbeeren

60 g Himbeergelee

Zubereitungszeit:
etwa 40 Minuten,
ohne Kühlzeit

Backzeit:
etwa 15 Minuten

Insgesamt:
E: 100 g, F: 235 g, Kh: 482 g,
kJ: 18823, kcal: 4498

FÜR GÄSTE

1 Fetten Sie ein Backblech und belegen es anschließend mit Backpapier. Stellen Sie einen Backrahmen
(25 x 25 cm) auf das Backblech.

2 Für den Teig Mehl mit Speisestärke, Kakao und Backpulver mischen, in eine Rührschüssel sieben. Restliche
Zutaten hinzufügen und mit Handrührgerät mit Rührbesen
zunächst kurz auf niedrigster, dann auf höchster Stufe in
etwa 2 Minuten zu einem glatten Teig verarbeiten. Den Teig
auf dem vorbereiteten Backblech in den Backrahmen geben
und glatt streichen. Das Backblech in den Backofen schieben.

Ober-/Unterhitze: etwa 200 °C (vorgeheizt)
Heißluft: etwa 180 °C (vorgeheizt)
Gas: Stufe 3–4 (vorgeheizt)
Backzeit: etwa 15 Minuten.

3 Backrahmen lösen und entfernen. Gebäckboden auf
einen mit Backpapier belegten Kuchenrost stürzen,
erkalten lassen. Backpapier vorsichtig abziehen. Gebäckboden auf eine Platte legen. Den gesäuberten Backrahmen
darumstellen.

4 Für den Belag Gelatine in kaltem Wasser nach Packungsanleitung einweichen. Limette heiß waschen und trocken-
reiben. Limettenschale mit einer Küchenreibe abreiben.
Limette auspressen. Dickmilch mit Zucker, Vanillin-Zucker,
Limettenschale und -saft verrühren. Gelatine leicht ausdrücken, unter Rühren erwärmen (nicht kochen), bis sie
völlig gelöst ist, leicht abkühlen lassen. Etwa 4 Esslöffel von
der Dickmilchmasse mit der aufgelösten Gelatine verrühren,
dann mit der restlichen Dickmilchmasse verrühren, kalt
stellen.

5 Sahne steif schlagen. Wenn die Dickmilchmasse anfängt
dicklich zu werden, Sahne unterheben und auf dem
Gebäckboden verteilen. Himbeeren verlesen, evtl. waschen
und trockentupfen. Himbeeren auf der Creme verteilen. Den
Kuchen etwa 3 Stunden kalt stellen.

(Fortsetzung Seite 62)

6 Gelee in einem kleinen Topf unter Rühren kurz aufkochen lassen, noch heiß als Fäden oder Kleckse auf die Himbeeren geben, fest werden lassen. Backrahmen lösen und entfernen.

Tipp: *Sie können den Teig auch in eine Springform (Ø 26 cm, gefettet, mit Backpapier belegt) geben und bei gleicher Backofeneinstellung backen.*

Brownies

Zutaten

Für den All-in-Teig:

300 g Weizenmehl

30 g Kakaopulver

3 gestr. TL Backpulver

150 g Rohrzucker (brauner Zucker), 150 g Zucker

1 Pck. Bourbon Vanille-Zucker, ½ gestr. TL Salz

4 Eier (Größe M)

300 ml Speiseöl, z. B. Rapsöl

50 ml Schlagsahne

200 g gehackte Walnusskerne

2 Pck. (je 75 g) Schokotropfen

75 g weiße Kuvertüre

Zubereitungszeit:
35 Minuten, ohne Abkühlzeit
Backzeit:
etwa 25 Minuten

Insgesamt:
E: 108 g, F: 534 g, Kh: 685 g, kJ: 33078, kcal: 7899

KLASSISCH

1 Für den Teig Mehl mit Kakao und Backpulver mischen, in eine Rührschüssel sieben. Rohrzucker, Zucker, Vanille-Zucker, Salz, Eier, Speiseöl und Sahne hinzufügen. Die Zutaten mit Handrührgerät mit Rührbesen zunächst kurz auf niedrigster, dann auf höchster Stufe in etwa 1 Minute zu einem glatten Teig verarbeiten. Zuletzt Walnusskerne und Schokotropfen unterrühren.

2 Den Teig auf ein Backblech (30 x 40 cm, gefettet, bemehlt) geben und glatt streichen. Einen Backrahmen darumstellen. Das Backblech in den Backofen schieben.

Ober-/Unterhitze: etwa 180 °C (vorgeheizt)
Heißluft: etwa 160 °C (vorgeheizt)
Gas: Stufe 2–3 (vorgeheizt)
Backzeit: etwa 25 Minuten.

3 Das Backblech auf einen Kuchenrost stellen. Gebäck erkalten lassen. Backrahmen mit Hilfe eines Messers lösen und entfernen. Das Gebäck in Rauten schneiden.

4 Kuvertüre in einem kleinen Topf im Wasserbad zu einer geschmeidigen Masse verrühren. Das Gebäck damit besprenkeln (mit Hilfe eines Teelöffels). Guss trocknen lassen.

Tipp: *Anstelle der Schokotropfen können auch 100 g Raspelschokolade verwendet werden. Die Walnusskerne können auch durch Haselnusskerne ersetzt werden.*
Die Brownies halten sich gut verpackt 2–3 Wochen frisch.

Florentinerkuchen

Zutaten

Für den All-in-Teig:

250 g Weizenmehl

2 gestr. TL Backpulver

150 g Zucker

3 Eier (Größe M)

150 ml Speiseöl

2 EL Rum

Für den Belag:

150 ml Schlagsahne

150 g Zucker

100 g Früchte-Mix

1 Pck. (100 g) abgezogene, gehobelte Mandeln

Zubereitungszeit:

25 Minuten

Backzeit:

etwa 30 Minuten

Insgesamt:

E: 73 g, F: 282 g, Kh: 544 g, kJ: 21076, kcal: 5033

EINFACH –
MIT ALKOHOL

1 Für den Teig Mehl mit Backpulver mischen und in eine Rührschüssel sieben. Zucker, Eier, Speiseöl und Rum hinzufügen. Die Zutaten mit Handrührgerät mit Rührbesen zunächst kurz auf niedrigster, dann auf höchster Stufe in etwa 1 Minute zu einem glatten Teig verarbeiten.

2 Den Teig auf ein Backblech (30 x 40 cm, gefettet) geben und glatt streichen. Das Backblech in den Backofen schieben und den Boden vorbacken.

Ober-/Unterhitze: etwa 180 °C (vorgeheizt)
Heißluft: etwa 160 °C (vorgeheizt)
Gas: Stufe 2–3 (vorgeheizt)
Backzeit: etwa 15 Minuten.

3 Das Backblech auf einen Kuchenrost stellen. Für den Belag Sahne und Zucker in einem kleinen Topf kurz aufkochen lassen. Früchte-Mix und Mandeln unterrühren. Die Masse auf dem vorgebackenen Boden verteilen. Das Backblech wieder in den Backofen schieben und den Kuchen fertig backen.

Ober-/Unterhitze: etwa 180 °C (vorgeheizt)
Heißluft: etwa 160 °C (vorgeheizt)
Gas: Stufe 2–3 (vorgeheizt)
Backzeit: etwa 15 Minuten.

4 Das Backblech auf einen Kuchenrost stellen. Den Kuchen erkalten lassen und in beliebig große Stücke schneiden.

Tipp: *Statt Früchte-Mix können auch 100 g gehobelte Haselnusskerne und 50 g klein geschnittene Belegkirschen verwendet werden. Das Gebäck in kleine Stücke schneiden und in einer gut schließenden Dose aufbewahren.*

Jobst-Schnitten

Zutaten

Für den All-in-Teig:

250 g Weizenmehl

3 gestr. TL Backpulver

120 g Zucker

1 Prise Salz

einige Tropfen Butter-Vanille-Aroma

5 Eier (Größe M)

200 g weiche Butter oder Margarine

1 Pck. (75 g) Schoko-tröpfchen

Für den Belag:

4 Becher (je 150 g) Jobst-Joghurt, z. B. Ananas, Erdbeer, Heidelbeer, Pfirsich/Aprikose

einige Blättchen Zitronen-melisse

Zubereitungszeit:

30 Minuten, ohne Abkühlzeit

Backzeit:

etwa 25 Minuten

Insgesamt:

E: 79 g, F: 237 g, Kh: 450 g, kJ: 17793, kcal: 4244

FRUCHTIG

1 Für den Teig Mehl mit Backpulver mischen und in eine Rührschüssel sieben. Zucker, Salz, Aroma, Eier und Butter oder Margarine hinzufügen. Die Zutaten mit Handrührgerät mit Rührbesen zunächst kurz auf niedrigster, dann auf höchster Stufe in etwa 2 Minuten zu einem glatten Teig verarbeiten.

2 Den Teig auf ein Backblech (30 x 40 cm, gefettet) geben und glatt streichen. Schokotröpfchen darauf verteilen. Das Backblech in den Backofen schieben.

Ober-/Unterhitze: etwa 180 °C (vorgeheizt)
Heißluft: etwa 160 °C (vorgeheizt)
Gas: Stufe 2–3 (vorgeheizt)
Backzeit: etwa 25 Minuten.

3 Das Backblech auf einen Kuchenrost stellen. Den Gebäckboden erkalten lassen. Anschließend den Boden in etwa 20 Stücke schneiden.

4 Für den Belag die Joghurtschicht aus den Bechern nehmen. Auf jedes Kuchenstück einen Klecks Joghurt geben und mit einem Teelöffel eine Vertiefung eindrücken. In die Vertiefung jeweils etwas von der Fruchtmasse (aus den Joghurtbechern) geben.

5 Die Jobstschnitten mit Zitronenmelisseblättchen garniert servieren.

Amarena-Schokoladen-Kuchen

Zutaten

Für den All-in-Teig:

150 g Weizenmehl

2 Pck. Gala Pudding-Pulver
Schokolade

3 gestr. TL Backpulver

150 g Zucker

4 Eier (Größe M)

200 g weiche Butter oder
Margarine, 4 EL Milch

Für den Belag:

100 g Amarena-Schokolade
(von Ritter)

250 g Mascarpone
(italienischer Frischkäse)

1–2 gestr. EL gesiebter
Puderzucker, 4 EL Milch

1 Becher (500 g) Sahne-
Schokoladen-Pudding
(Kühlregal)

Zum Garnieren:

50 g Amarena-Schokolade
(von Ritter)

50 g dunkle Kuchenglasur

Zubereitungszeit:

45 Minuten, ohne Kühlzeit

Backzeit:

15–20 Minuten

Insgesamt:

E: 89 g, F: 433 g, Kh: 530 g,
kJ: 26791, kcal: 6401

*FÜR GÄSTE –
RAFFINIERT*

1 Für den Teig Mehl mit Pudding-Pulver und Backpulver mischen, in eine Rührschüssel sieben. Zucker, Eier, Butter oder Margarine und Milch hinzufügen. Die Zutaten mit Handrührgerät mit Rührbesen zunächst kurz auf niedrigster, dann auf höchster Stufe in etwa 2 Minuten zu einem glatten Teig verarbeiten. Den Teig auf ein Backblech (30 x 40 cm, gefettet) geben und glatt streichen. Das Backblech in den Backofen schieben.

Ober-/Unterhitze: etwa 200 °C (vorgeheizt)
Heißluft: etwa 180 °C (vorgeheizt)
Gas: Stufe 3–4 (vorgeheizt)
Backzeit: 15–20 Minuten.

2 Das Backblech auf einen Kuchenrost stellen. Kuchen erkalten lassen.

3 Für den Belag Schokolade fein hacken. Mascarpone, Puderzucker und Milch in eine hohe Rührschüssel geben und mit Handrührgerät mit Rührbesen auf höchster Stufe zu einer Creme aufschlagen. Pudding nach und nach unterrühren. Schokoladenstückchen unterheben. Die Creme wellenartig auf den Kuchen streichen. Den Kuchen mindestens 30 Minuten kalt stellen, dann in rechteckige Stücke schneiden.

4 Zum Garnieren Schokolade mit einem Sparschäler in feine Streifen hobeln und auf den Kuchenstücken verteilen. Kuchenglasur nach Packungsanleitung auflösen und die Kuchenstücke damit beträufeln. Glasur fest werden lassen.

Tipp: *Wenn Sie keinen fertigen Pudding für den Belag verwenden möchten, können Sie selbst aus 1 Päckchen Gala Pudding-Pulver Schokolade, 400 ml Milch und 2 Esslöffeln Zucker nach Packungsanleitung einen Pudding zubereiten. Streuen Sie 1 Esslöffel Zucker auf den heißen Pudding und lassen ihn erkalten. (Der Zucker verhindert, dass sich auf dem Pudding eine feste Haut bildet.) Den erkalteten Pudding wie unter Punkt 3 beschrieben unterrühren.*

Herber Orangenkuchen

Zutaten

Für den All-in-Teig:

250 g Weizenmehl

1 Pck. Backpulver

2 Pck. Finesse Orangenfrucht

200 g Zucker

2 Pck. Vanillin-Zucker

3 Eier (Größe M)

Saft von 1 Orange

200 ml Speiseöl

100 g gemahlene Haselnuss-kerne

100 g Rosinen

Für den Belag:

4–5 Orangen

350 g Orangenmarmelade

Zubereitungszeit:
45 Minuten

Backzeit:
etwa 35 Minuten

Insgesamt:
E: 71 g, F: 292 g, Kh: 769 g,
kJ: 25102, kcal: 5993

FÜR GÄSTE

1 Für den Teig Mehl mit Backpulver mischen und in eine Rührschüssel sieben. Orangenfrucht, Zucker, Vanillin-Zucker, Eier, Orangensaft und Speiseöl hinzufügen. Die Zutaten mit Handrührgerät mit Rührbesen zunächst kurz auf niedrigster, dann auf höchster Stufe in etwa 1 Minute zu einem glatten Teig verarbeiten. Haselnusskerne und Rosinen unterheben.

2 Den Teig auf ein Backblech (30 x 40 cm, gefettet) geben und glatt streichen.

3 Für den Belag Orangen gründlich waschen, abtrocknen und dünn schälen. Orangen in Scheiben schneiden, evtl. die Kerne dabei entfernen. Orangenscheiben auf dem Teig verteilen. Das Backblech in den Backofen schieben.

Ober-/Unterhitze: etwa 180 °C (vorgeheizt)
Heißluft: etwa 160 °C (nicht vorgeheizt)
Gas: Stufe 2–3 (nicht vorgeheizt)
Backzeit: etwa 35 Minuten.

4 Das Backblech auf einen Kuchenrost stellen. Marmelade gut verrühren. Den heißen Kuchen sofort damit bestreichen. Kuchen erkalten lassen.

Tipp: *Statt Rosinen 100 g klein gehackte Zartbitterschokolade unter den Teig heben.*

Balatonschnitten
(Rotweinschnitten)

Zutaten

Zum Vorbereiten:
100 g Zartbitterschokolade

Für den All-in-Teig:
250 g Weizenmehl
1 Pck. Backpulver
10 g Kakaopulver
250 g Zucker
2 Pck. Vanillin-Zucker
4 Eier (Größe M)
250 g zerlassene, abgekühlte
Butter oder Margarine
100 ml Balaton-Rotwein
150 g Schokoladentropfen

Zum Tränken:
125 ml (⅛ l) Balaton-
Rotwein

Für den Guss:
200 g Zartbitterschokolade
1 EL Speiseöl

Zubereitungszeit:
25 Minuten, ohne Abkühlzeit
Backzeit:
etwa 25 Minuten

Insgesamt:
E: 87 g, F: 381 g, Kh: 684 g,
kJ: 27731, kcal: 6620

MIT ALKOHOL

1 Zum Vorbereiten Schokolade in Stücke brechen, in einem kleinen Topf im Wasserbad unter Rühren schmelzen, etwas abkühlen lassen.

2 Für den Teig Mehl mit Backpulver und Kakao mischen, in eine Rührschüssel sieben. Zucker, Vanillin-Zucker, Eier, Butter oder Margarine und Rotwein hinzufügen. Die Zutaten mit Handrührgerät mit Rührbesen zunächst kurz auf niedrigster, dann auf höchster Stufe in etwa 1 Minute zu einem glatten Teig verarbeiten. Aufgelöste Schokolade unterrühren. Schokoladentropfen unterheben.

3 Den Teig auf ein Backblech (30 x 40 cm, gefettet) geben und glatt streichen. Das Backblech in den Backofen schieben.

Ober-/Unterhitze: etwa 180 °C (vorgeheizt)
Heißluft: etwa 160 °C (vorgeheizt)
Gas: Stufe 2–3 (vorgeheizt)
Backzeit: etwa 25 Minuten.

4 Das Backblech auf einen Kuchenrost stellen. Den Kuchen sofort mit dem Rotwein tränken. Kuchen erkalten lassen.

5 Für den Guss Schokolade in Stücke brechen, in einem kleinen Topf im Wasserbad unter Rühren schmelzen. Den Guss auf dem Kuchen verteilen und mit Hilfe eines Tortengarnierkammes verzieren. Guss fest werden lassen.

Apfel-Reis-Kuchen

Zutaten

Zum Vorbereiten:
100 g Milchreis
350 ml Apfelsaft
70 g Zucker
je 1 Msp. gemahlener
Kardamom, Ingwer und
Zimt

Für den Belag:
6 säuerliche Äpfel (900 g)
1 EL Zitronensaft

Für den All-in-Teig:
150 g Weizenmehl
4 gestr. TL Backpulver
120 g Zucker
1 Prise Salz
1 Pck. Finesse Geriebene
Zitronenschale
5 Eier (Größe M)
150 g Butter oder Margarine

Zum Bestreichen:
100 g Apfelgelee

Zubereitungszeit:
50 Minuten, ohne Abkühlzeit
Backzeit:
30–35 Minuten

Insgesamt:
E: 62 g, F: 169 g, Kh: 571 g,
kJ: 17048, kcal: 4073

FÜR KINDER

1 Zum Vorbereiten Milchreis, Apfelsaft, Zucker, Karda- mom, Ingwer und Zimt in einem Topf zum Kochen bringen, unter Rühren 2 Minuten kochen lassen, dann zu- gedeckt bei schwacher Hitze 35 Minuten garen, dabei ab und zu umrühren. Reis erkalten lassen.

2 Für den Belag Äpfel schälen, vierteln, Kerngehäuse her- ausschneiden. Apfelviertel in Spalten schneiden und mit Zitronensaft beträufeln.

3 Für den Teig Mehl mit Backpulver mischen und in eine Rührschüssel sieben. Zucker, Salz, Zitronenschale, Eier und Butter oder Margarine hinzufügen. Die Zutaten mit Handrührgerät mit Rührbesen zunächst kurz auf niedrigster, dann auf höchster Stufe in etwa 2 Minuten zu einem glatten Teig verarbeiten. Reis mit einer Gabel auflockern, zum Teig geben und auf mittlerer Stufe unterrühren.

4 Den Teig auf ein Backblech (30 x 40 cm, gefettet) geben und glatt streichen. Apfelspalten darauf legen. Das Back- blech in den Backofen schieben.

Ober-/Unterhitze: etwa 180 °C (vorgeheizt)
Heißluft: etwa 160 °C (nicht vorgeheizt)
Gas: Stufe 2–3 (nicht vorgeheizt)
Backzeit: 30–35 Minuten.

5 Das Backblech auf einen Kuchenrost stellen. Den Kuchen erkalten lassen.

6 Zum Bestreichen Apfelgelee in einem kleinen Topf unter Rühren erwärmen. Den Kuchen damit bestreichen und erkalten lassen.

Tipp: *Statt Apfelgelee kann auch Aprikosenkonfitüre verwendet werden.*

Kokosmilch-Kuchen

Zutaten

Zum Vorbereiten:
100 g Butter
600 ml Kokosmilch
(ungesüßt), 100 g Zucker
abgeriebene Schale von
1 Bio-Limette (unbehandelt,
ungewachst)
4 EL Limettensaft

Für den All-in-Teig:
150 g Weizenmehl
3 gestr. TL Backpulver
150 g Zucker, 50 g Maisgrieß
(Polentagrieß)
100 g Kokosraspel
3 Eier (Größe M)
100 g zerlassene, abgekühlte
Butter oder Margarine
200 ml Kokosmilch
(ungesüßt)

1 Bio-Limette (unbehandelt,
ungewachst)

Etwa 10 Calapuno®
(Kokospralinen)

Zubereitungszeit:
50 Minuten, ohne Kühlzeit
Backzeit:
15–20 Minuten

Insgesamt:
E: 59 g, F: 302 g, Kh: 510 g,
kJ: 20942, kcal: 5001

FÜR KINDER

1 Zum Vorbereiten Butter, Kokosmilch, Zucker, Limetten-schale und -saft in einen weiten Topf geben, unter Rühren zum Kochen bringen und bei mittlerer Hitze etwa 20 Minuten einkochen lassen, dabei ab und zu umrühren. Die dickflüssige Masse (etwa 370 ml) mindestens 3 Stunden kalt stellen, dabei gelegentlich umrühren.

2 Für den Teig Mehl mit Backpulver mischen, in eine Rührschüssel sieben. Restliche Zutaten hinzufügen und mit Handrührgerät mit Rührbesen zunächst kurz auf nied-rigster, dann auf höchster Stufe in etwa 2 Minuten zu einem glatten Teig verarbeiten.

3 Den Teig auf ein Backblech (30 x 40 cm, gefettet) geben und glatt streichen. Das Backblech in den Backofen schieben.

Ober-/Unterhitze: etwa 200 °C (vorgeheizt)
Heißluft: etwa 180 °C (vorgeheizt)
Gas: Stufe 3–4 (vorgeheizt)
Backzeit: 15–20 Minuten.

4 Das Backblech auf einen Kuchenrost stellen. Gebäck-platte erkalten lassen.

5 Die vorbereitete Masse in einen Rührbecher geben und mit Handrührgerät mit Rührbesen auf höchster Stufe zu einer Creme aufschlagen. Die Creme auf der Gebäckplatte verteilen. Mit einer Gabel gerade Streifen in die Creme ziehen. Den Kuchen in 20 Stücke schneiden.

6 Limette heiß abspülen, abtrocknen und in 10 dünne Scheiben schneiden. Die Hälfte der Kuchenstücke mit Limettenscheiben belegen. Die restlichen Kuchenstücke mit je einer Kokospraline garnieren.

Tipp: *Wenn die Creme mit gesüßter Kokosmilch zubereitet wird, nur 30 g Zucker verwenden.*

®Registered trademark of Masterfoods.

Bananen-Quark-Kuchen

Zutaten

Für den All-in-Teig:
300 g Weizenmehl
2 gestr. TL Backpulver
200 g Zucker
3 Eier (Größe M)
250 g weiche Butter oder Margarine
1 Becher (250 g) Magerquark
125 ml (⅛ l) Bananen-Nektar
100 g gemahlene Haselnusskerne

Für den Belag:
12 Blatt weiße Gelatine
3 Becher (je 250 g) Magerquark
250 ml (¼ l) Bananen-Nektar
100 g Zucker
3 Bananen, 4 EL Zitronensaft
250 ml (¼ l) Schlagsahne

Zum Garnieren:
2 Bananen
2 EL Zitronensaft
12 dünne Schokotaler

Zubereitungszeit:
40 Minuten, ohne Kühlzeit
Backzeit:
etwa 25 Minuten

Insgesamt:
E: 81 g, F: 412 g, Kh: 529 g,
kJ: 26120, kcal: 6261

FÜR KINDER

1 Für den Teig Mehl mit Backpulver mischen und in eine Rührschüssel sieben. Zucker, Eier, Butter oder Margarine, Quark, Nektar und Haselnusskerne hinzufügen. Die Zutaten mit Handrührgerät mit Rührbesen zunächst kurz auf niedrigster, dann auf höchster Stufe in etwa 1 Minute zu einem glatten Teig verarbeiten.

2 Den Teig auf ein Backblech (30 x 40 cm, gefettet) geben und glatt streichen. Das Backblech in den Backofen schieben.

Ober-/Unterhitze: etwa 180 °C (vorgeheizt)
Heißluft: etwa 160 °C (vorgeheizt)
Gas: Stufe 2–3 (vorgeheizt)
Backzeit: etwa 25 Minuten.

3 Das Backblech auf einen Kuchenrost stellen. Gebäckboden erkalten lassen. Einen Backrahmen darumstellen.

4 Für den Belag Gelatine in kaltem Wasser nach Packungsanleitung einweichen, leicht ausdrücken. Die ausgedrückte Gelatine in einem kleinen Topf unter Rühren erhitzen (nicht kochen), bis sie völlig gelöst ist. Quark mit Nektar und Zucker gut verrühren. Die aufgelöste Gelatine unterrühren. Bananen schälen, der Länge nach halbieren und quer in Scheiben schneiden. Bananenscheiben mit Zitronensaft beträufeln und vorsichtig unter die Quarkmasse heben.

5 Sahne steif schlagen und unterheben. Die Quark-Sahne-Masse auf den Gebäckboden geben und glatt streichen. Etwa 1 Stunde kalt stellen. Den Backrahmen entfernen und den Kuchen in etwa 24 Stücke schneiden.

6 Zum Garnieren Bananen schälen, schräg in Scheiben schneiden und in dem Zitronensaft schwenken. Kuchenstücke mit den Bananenscheiben garnieren. Schokotaler mit einem Messer mit angewärmter Klinge halbieren. Schokotalerhälften auf die Kuchenstücke setzen.

Torten

Gestürzte Ananas-Kirsch-Torte

Zutaten

Zum Vorbereiten:

1 Glas Sauerkirschen
(Abtropfgewicht 370 g)
150 g kandierte Ananas-
stücke

Für den All-in-Teig:

170 g Weizenmehl
2 gestr. TL Backpulver
120 g brauner Zucker
3 Eier (Größe M)
100 g weiches Butterschmalz
einige Tropfen Bittermandel-
Aroma, 2–3 EL Milch

Für den Guss:

1 Pck. Tortenguss, rot
250 ml (¼ l) Sauerkirschsaft
aus dem Glas
1 EL Zitronensaft, 2 EL Zucker

300 ml Schlagsahne
2 gestr. EL gesiebter Puderzucker
50 g kandierte Ananasstücke

Zubereitungszeit:
45 Minuten, ohne Abkühlzeit
Backzeit:
etwa 40 Minuten

---

1 Zum Vorbereiten Sauerkirschen abtropfen lassen, Saft dabei auffangen und 250 ml (¼ l) davon abmessen. Ananasstücke in kleine Stücke schneiden. Sauerkirschen mit den Ananasstückchen mischen und in einer Springform (Ø 26 cm, mit Backpapier belegt) gleichmäßig verteilen.

2 Für den Teig Mehl mit Backpulver mischen, in eine Rührschüssel sieben. Restliche Zutaten hinzufügen und mit Handrührgerät mit Rührbesen zunächst kurz auf niedrigster, dann auf höchster Stufe in etwa 2 Minuten zu einem glatten Teig verarbeiten. Den Teig esslöffelweise auf die Sauerkirsch-Ananas-Mischung geben und glatt streichen. Die Form auf dem Rost in den Backofen schieben.

Ober-/Unterhitze: etwa 200 °C (vorgeheizt)
Heißluft: etwa 180 °C (nicht vorgeheizt)
Gas: Stufe 3–4 (nicht vorgeheizt)
Backzeit: etwa 40 Minuten.

3 Den Kuchen etwa 15 Minuten in der Form stehen lassen, dann aus der Form lösen und auf einen mit Backpapier belegten Kuchenrost stürzen. Kuchen erkalten lassen. Dann auf eine Platte legen. Einen Tortenring darumstellen.

4 Für den Guss aus Tortengusspulver, Sauerkirschsaft, Zitronensaft und Zucker nach Packungsanleitung (aber mit den hier angegebenen Zutaten) einen Guss zubereiten. Den Guss auf dem Kuchen verteilen. Guss fest werden lassen. Tortenring lösen und entfernen. Sahne mit Puderzucker steif schlagen und in einen Spritzbeutel mit Lochtülle (Ø 10 mm) füllen.

(Fortsetzung Seite 82)

5 Zwei Drittel der Sahne in Streifen von unten nach oben auf den Tortenrand spritzen. Restliche Sahne als kleine Tupfen auf die Oberfläche spritzen und mit Ananasstücken garnieren.

Triback-Tarte

Zutaten

Zum Vorbereiten:
125 g Zwieback

Für den All-in-Teig:
100 g Weizenmehl
2 gestr. TL Backpulver
½ TL gemahlener Zimt
½ TL gemahlener Anis
125 g Zucker
1 Pck. Vanillin-Zucker
1 Prise Salz, 1 Ei (Größe M)
125 g weiche Butter

Für den Belag:
1 Pck. (300 g) TK-Heidel-
beeren
1 gestr. EL gesiebtes
Weizenmehl
1 Pck. Vanillin-Zucker
3 Zwiebäcke

Zubereitungszeit:
40 Minuten
Backzeit:
20–25 Minuten

Insgesamt:
E: 36 g, F: 124 g, Kh: 354 g,
kJ: 11274, kcal: 2691

1 Zum Vorbereiten Zwiebäcke in einen Gefrierbeutel geben. Beutel fest verschließen. Zwiebäcke mit einer Teigrolle fein zerbröseln. 2 Esslöffel von den Zwieback-bröseln beiseite legen.

2 Für den Teig Mehl mit Backpulver, Zimt und Anis mischen, in eine Rührschüssel sieben. Zucker, Salz, Zwiebackbrösel, Ei und Butter hinzufügen. Die Zutaten mit Handrührgerät mit Knethaken zunächst kurz auf niedrigster, dann auf höchster Stufe in etwa 2 Minuten zu einem glatten Teig verarbeiten.

3 Zwei Drittel des Teiges in eine Tarteform (Ø 28 cm, gefettet) geben (restlichen Teig für den Belag beiseite stellen) und mit gemehlten Händen andrücken, dabei den Rand hochdrücken. Teigboden mit den beiseite gelegten Zwiebackbröseln bestreuen.

4 Für den Belag gefrorene Heidelbeeren mit Mehl und Vanillin-Zucker mischen und auf dem mit Zwieback-bröseln bestreuten Teigboden verteilen.

5 Zwiebäcke in kleine Stücke brechen, unter den beiseite gestellten Teig rühren und auf den Heidelbeeren ver-teilen. Die Form auf dem Rost in den Backofen schieben.

Ober-/Unterhitze: etwa 200 °C (vorgeheizt)
Heißluft: etwa 180 °C (vorgeheizt)
Gas: Stufe 3–4 (vorgeheizt)
Backzeit: 20–25 Minuten.

6 Die Tarte auf einem Kuchenrost abkühlen lassen und lauwarm servieren.

Fruchtpüree-Torte

Zutaten

Für den All-in-Teig:
100 g Weizenmehl
½ Pck. Backpulver
75 g Zucker
1 Pck. Vanillin-Zucker
1 TL Finesse Geriebene
Zitronenschale
3 Eier (Größe M)
2 EL Speiseöl

Für die Füllung:
2 Pck. Aranca Zitronen-
Geschmack (Dessertpulver)
400 ml Wasser
300 g Naturjoghurt

Für den Belag:
2 Pck. (je 100 g) Schwartau
Fruchtbombe Erdbeer-Apfel
2 Pck. (je 100 g) Schwartau
Fruchtbombe Pfirsich-Apfel
2 Pck. (je 100 g) Schwartau
Fruchtbombe Banane-Apfel
1 Pck. Galetta Pudding-
Pulver Vanille-Geschmack
(ohne Kochen)

Zubereitungszeit:
40 Minuten, ohne Kühlzeit
Backzeit:
15–20 Minuten

Insgesamt:
E: 55 g, F: 51 g, Kh: 487 g,
kJ: 11093, kcal: 2629

RAFFINIERT

1 Für den Teig Mehl mit Backpulver mischen und in eine Rührschüssel sieben. Zucker, Vanillin-Zucker, Zitronenschale, Eier und Speiseöl hinzufügen. Die Zutaten mit Handrührgerät mit Rührbesen zunächst kurz auf niedrigster, dann auf höchster Stufe in etwa 1 Minute zu einem glatten Teig verarbeiten.

2 Den Teig in eine Springform (Ø 26 cm, Boden gefettet, mit Backpapier belegt) füllen. Die Form auf dem Rost in den Backofen schieben.

Ober-/Unterhitze: etwa 200 °C (vorgeheizt)
Heißluft: etwa 180 °C (vorgeheizt)
Gas: Stufe 3–4 (vorgeheizt)
Backzeit: 15–20 Minuten.

3 Den Gebäckboden aus der Form lösen, auf einen Kuchenrost stürzen, mitgebackenes Backpapier entfernen. Gebäckboden erkalten lassen.

4 Für die Füllung Aranca mit Wasser nach Packungsanleitung zubereiten, Joghurt unterrühren. Einen Tortenring oder den gesäuberten Springformrand um den Gebäckboden stellen. Aranca-Creme auf den Gebäckboden geben und glatt streichen. Torte kalt stellen.

5 Für den Belag Fruchtbombe Erdbeer-Apfel, Pfirsich-Apfel und Banane-Apfel mit je einem Drittel des Pudding-Pulvers verrühren. Fruchtpüree in Klecksen dekorativ auf der Tortenoberfläche verteilen. Torte kalt stellen. Tortenring oder Springformrand vorsichtig lösen und entfernen.

Tipp: *Den Banane-Apfel-Belag nach Belieben mit etwas grüner Speisefarbe einfärben.*

Terrazzo-Torte

Zutaten

1 Glas Sauerkirschen
(Abtropfgewicht 370 g)

Für den All-in-Teig:
150 g Weizenmehl
2 gestr. TL Backpulver
½ gestr. TL gemahlener Zimt
80 g Zucker, 1 TL Finesse
Geriebene Zitronenschale
3 Eier (Größe M)
120 g weiche Butter
2 EL Sauerkirschsaft

Für den Belag:
50 g abgezogene, gehackte
Mandeln, 50 g gehobelte
Haselnusskerne
1 Dose Mandarinen
(Abtropfgewicht 175 g)
325 g Mascarpone
50 g gesiebter Puderzucker
10 EL Sauerkirschsaft

1 Pck. Tortenguss, klar
2 EL Zucker, 250 ml (¼ l)
Mandarinensaft aus der Dose

Zubereitungszeit:
40 Minuten, ohne Abkühlzeit
Backzeit:
25–25 Minuten

Insgesamt:
E: 72 g, F: 317 g, Kh: 423 g,
kJ: 20511, kcal: 4894

FRUCHTIG

1 Sauerkirschen in einem Sieb abtropfen lassen, den Saft dabei auffangen.

2 Für den Teig Mehl mit Backpulver und Zimt mischen, in eine Rührschüssel sieben. Restliche Zutaten hinzufügen und mit Handrührgerät mit Rührbesen zunächst kurz auf niedrigster, dann auf höchster Stufe in etwa 2 Minuten zu einem glatten Teig verarbeiten. Den Teig in eine Springform (Ø 26 cm, Boden gefettet, mit Backpapier belegt) geben und glatt streichen. Die Form auf dem Rost in den Backofen schieben.

Ober-/Unterhitze: etwa 180 °C (vorgeheizt)
Heißluft: etwa 160 °C (vorgeheizt)
Gas: Stufe 2–3 (vorgeheizt)
Backzeit: 20–25 Minuten.

3 Den Tortenboden aus der Form lösen, auf einen mit Backpapier belegten Kuchenrost stürzen. Tortenboden auf eine Platte legen. Einen Tortenring darumstellen.

4 Für den Belag nacheinander Mandeln und Haselnusskerne in einer Pfanne ohne Fett goldbraun rösten, herausnehmen, erkalten lassen. Mandarinen in einem Sieb abtropfen lassen, den Saft dabei auffangen und 250 ml (¼ l) davon abmessen, evtl. mit Wasser auffüllen. Mascarpone, Puderzucker und Sauerkirschsaft in einen hohen Rührbecher geben und zu einer Creme aufschlagen. Die Creme auf den Tortenboden geben und glatt streichen.

5 Mandeln, Haselnusskerne, Kirschen und Mandarinen vorsichtig vermengen und auf die Creme geben. Aus Tortengusspulver, Zucker und Mandarinensaft nach Packungsanleitung einen Guss zubereiten und auf dem Belag verteilen. Guss fest werden lassen. Tortenring entfernen.

Gefüllte Quark-Aprikosen-Torte

1 Für den Teig Mehl mit Speisestärke und Backpulver mischen, in eine Rührschüssel sieben. Zucker, Vanillin-Zucker, Salz, Eier und Butter oder Margarine hinzufügen. Die Zutaten mit Handrührgerät mit Rührbesen zunächst kurz auf niedrigster, dann auf höchster Stufe in etwa 1 Minute zu einem glatten Teig verarbeiten.

2 Den Teig in eine Springform (Ø 26 cm, Boden gefettet, mit Backpapier belegt) geben und glatt streichen. Die Form auf dem Rost in den Backofen schieben.

Ober-/Unterhitze: etwa 180 °C (vorgeheizt)
Heißluft: etwa 160 °C (vorgeheizt)
Gas: Stufe 2–3 (vorgeheizt)
Backzeit: etwa 25 Minuten.

3 Den Gebäckboden aus der Form lösen, auf einen mit Backpapier belegten Kuchenrost stürzen und erkalten lassen. Mitgebackenes Backpapier abziehen, Gebäckboden einmal waagerecht durchschneiden. Den unteren Gebäck-boden auf eine Tortenplatte legen. Tortenring oder den gesäuberten Springformrand darumstellen. Oberen Gebäck-boden in 16 Tortenstücke schneiden.

4 Für die Füllung Aprikosenhälften in einem Sieb ab-tropfen lassen und in Streifen schneiden. Sahne steif schlagen. Tortencremepulver und Zitronenschale in einer großen Rührschüssel mischen. Wasser hinzufügen. Die Zutaten mit einem Schneebesen in etwa 1 Minute gut ver-rühren. Quark in 2 Portionen unterrühren, zuletzt Sahne unterheben.

5 Zwei Drittel der Käse-Sahne-Creme auf den unteren Ge-bäckboden geben und glatt streichen. Aprikosenstreifen darauf legen. Restliche Käse-Sahne-Creme darauf verteilen. Mit den 16 Tortenstücken belegen. Die Torte etwa 3 Stunden kalt stellen. Vor dem Servieren Tortenring oder Springform-rand mit Hilfe eines Messers lösen und entfernen. Torte mit Puderzucker bestäuben.

Struwwelpeter-Torte
(Titelfoto)

6 Schoko-Zwiebäcke
(etwa 100 g)
3 Erdbeer-Joghurt-Schoko-
riegel

Für den All-in-Teig:
75 g Weizenmehl
1 gestr. TL Backpulver
4 Eier (Größe M)
100 g Zucker
1 Pck. Vanillin-Zucker

Für die Füllung:
250 g frische Erdbeeren
250 ml (¼ l) Apfelsaft
1 Pck. Tortenguss, klar
1 TL Zucker

Für den Belag:
400 ml Schlagsahne
1 Pck. Quarkfein Erdbeer-
Geschmack (Dessertpulver)

4 Erdbeer-Joghurt-Schoko-
riegel, 5–6 vorbereitete Erdbeeren

Zubereitungszeit:
50 Minuten, ohne Kühlzeit
Backzeit:
etwa 20 Minuten

Insgesamt:
E: 62 g, F: 202 g, Kh: 399 g,
kJ: 15443, kcal: 3680

FÜR KINDER

1 Zwiebäcke in einen Gefrierbeutel geben, Beutel fest verschließen. Zwiebäcke mit einer Teigrolle fein zerbröseln. Schokoriegel fein hacken.

2 Für den Teig Mehl mit Backpulver mischen und in eine Rührschüssel sieben. Eier, Zucker und Vanillin-Zucker hinzufügen. Die Zutaten mit Handrührgerät mit Rührbesen zunächst kurz auf niedrigster, dann auf höchster Stufe in etwa 2 Minuten zu einem glatten Teig verarbeiten. Zwiebackbrösel und Schokoriegelstückchen unterrühren. Den Teig in eine Springform (Ø 26 cm, Boden gefettet, mit Backpapier belegt) füllen und glatt streichen. Die Form auf dem Rost in den Backofen schieben.

Ober-/Unterhitze: etwa 180 °C (vorgeheizt)
Heißluft: etwa 160 °C (vorgeheizt)
Gas: Stufe 2–3 (vorgeheizt)
Backzeit: etwa 20 Minuten.

3 Den Tortenboden aus der Form lösen, auf einen mit Backpapier belegten Kuchenrost stürzen, mitgebackenes Backpapier entfernen, Boden erkalten lassen, einmal waagerecht durchschneiden. Unteren Boden auf eine Platte legen, einen Tortenring darumlegen.

4 Für die Füllung Erdbeeren waschen, abtropfen lassen, putzen, in kleine Stücke schneiden. Einen Guss aus Apfelsaft, Tortengusspulver und Zucker nach Packungsanleitung zubereiten, Erdbeerstücke unterheben. Die Masse auf dem unteren Boden verteilen. Den oberen Boden darauf legen. Kuchen etwa ½ Stunde kalt stellen.

5 Für den Belag Sahne steif schlagen, Dessertpulver unterrühren. Die Erdbeersahne auf den Tortenboden geben und glatt streichen. Torte etwa 1 Stunde kalt stellen. Tortenring entfernen. Schokoriegel zu Röllchen schaben. Erdbeeren in Scheiben schneiden und auf den oberen Tortenrand legen. Tortenoberfläche mit Schokoröllchen garnieren.

Schokoladen-Ingwer-Torte mit Erdbeerquark

Zutaten

Zum Vorbereiten:

100 g Zwieback (12 Stück)

100 g kandierter Ingwer

(z. B. Seeberger)

Für den All-in-Teig:

125 g Weizenmehl

3 gestr. EL (16 g) Kakaopulver

3 gestr. TL Backpulver

125 g Zucker

1 Pck. Vanillin-Zucker

3 Eier (Größe M)

125 g zerlassene, abgekühlte

Butter, 2 EL Milch

Für den Belag:

1 Pck. (500 g) Erdbeerquark

2 EL gesiebter Puderzucker

2 Pck. Sahnesteif

200 ml Schlagsahne

40 g Schokoladentaler, evtl.

mit Orangensplittern (z. B.

Hachez)

Zubereitungszeit:

50 Minuten, ohne Kühlzeit

Backzeit:

etwa 30 Minuten

Insgesamt:

E: 87 g, F: 215 g, Kh: 500 g,

kJ: 18011, kcal: 4298

RAFFINIERT –
FÜR GÄSTE

1 Zum Vorbereiten Zwiebäcke in einen Gefrierbeutel geben. Beutel verschließen. Zwiebäcke mit einer Teigrolle fein zerbröseln. Ingwer in kleine Stücke hacken.

2 Für den Teig Mehl mit Kakao und Backpulver mischen, in eine Rührschüssel sieben. Zucker, Vanillin-Zucker, Eier, Butter und Milch hinzufügen. Die Zutaten mit Handrührgerät mit Rührbesen zunächst kurz auf niedrigster, dann auf höchster Stufe in etwa 2 Minuten zu einem glatten Teig verarbeiten. Zwiebackbrösel und Ingwerstückchen unterrühren.

3 Den Teig in eine Springform (Ø 26 cm, mit Backpapier belegt) geben und glatt streichen. Die Form auf dem Rost in den Backofen schieben.

Ober-/Unterhitze: etwa 180 °C (vorgeheizt)

Heißluft: etwa 160 °C (vorgeheizt)

Gas: Stufe 2–3 (vorgeheizt)

Backzeit: etwa 30 Minuten.

4 Den Tortenboden aus der Form lösen und auf einen mit Backpapier belegten Kuchenrost stürzen, erkalten lassen.

5 Für den Belag Quark in eine Rührschüssel geben. Puderzucker und 1 Päckchen Sahnesteif unterrühren. Sahne mit dem restlichen Päckchen Sahnesteif steif schlagen und unterheben. Die Quark-Sahne-Creme kuppelartig auf den Tortenboden streichen. Die Torte mindestens 1 Stunde kalt stellen.

6 Schokoladentaler in Streifen schneiden. Die Torte damit garnieren.

Sekt-Sahne-Torte

Zutaten

Für den All-in-Teig:
250 g Weizenmehl
50 g Speisestärke
3 gestr. TL Backpulver
250 g Zucker
2 Pck. Vanillin-Zucker
5 Eier (Größe M)
250 g zerlassene, abgekühlte
Butter oder Margarine

Für die Füllung:
1 Pck. Käse-Sahne-Torten-
creme
200 ml trockener Sekt
750–800 ml Schlagsahne

Zum Bestäuben:
Puderzucker

Schoko-Dekor-Blätter
vorbereitete Weintrauben

Zubereitungszeit:
60 Minuten, ohne Kühlzeit
Backzeit:
12–15 Minuten je Boden

Insgesamt:
E: 94 g, F: 500 g, Kh: 671 g,
kJ: 32228, kcal: 7687

MIT ALKOHOL

1 Für den Teig Mehl mit Speisestärke und Backpulver mischen, in eine Rührschüssel sieben. Zucker, Vanillin-Zucker, Eier und Butter oder Margarine hinzufügen. Die Zutaten mit Handrührgerät mit Rührbesen zunächst kurz auf niedrigster, dann auf höchster Stufe in etwa 1 Minute zu einem glatten Teig verarbeiten.

2 Aus dem Teig 3 Böden backen, dazu jeweils ein Drittel des Teiges auf je einen Springformboden (Ø 26 cm, Boden gefettet) streichen, je einen Springformrand darum-stellen. Die Formen nacheinander (bei Heißluft zusammen) auf dem Rost in den Backofen schieben.

Ober-/Unterhitze: etwa 180 °C (vorgeheizt)
Heißluft: etwa 160 °C (vorgeheizt)
Gas: Stufe 2–3 (vorgeheizt)
Backzeit: 12–15 Minuten je Boden.

3 Die Gebäckböden aus den Formen lösen und einzeln auf je einem Kuchenrost erkalten lassen.

4 Für die Füllung Tortencremepulver mit Sekt und Sahne nach Packungsanleitung – aber nur mit Sekt und Sahne – zubereiten. Knapp ein Drittel der Creme in einen Spritz-beutel mit Sterntülle füllen.

5 Einen Gebäckboden auf eine Tortenplatte legen, mit gut einem Drittel der Creme bestreichen, dabei einen etwa 2 cm breiten Rand frei lassen. Am äußeren Rand einen Kreis aufspritzen. Zweiten Boden darauf legen, leicht andrücken, wieder mit gut einem Drittel der Creme bestreichen und am Rand einen Kreis aufspritzen. Den dritten Boden darauf legen, leicht andrücken und mit Puderzucker bestäuben. Mit der restlichen Creme einen großen und kleinen Kreis auf die Tortenoberfläche spritzen. In die Mitte einen Tuff spritzen.

6 Die Torte mit Schoko-Dekor-Blättern und Weintrauben garnieren. Torte mindestens 2–3 Stunden kalt stellen.

Vanille-Knusper-Torte

Zutaten

Für den All-in-Teig:
150 g Weizenmehl
2 Pck. Gala Pudding-Pulver
Vanille-Geschmack
4 gestr. TL Backpulver
170 g Zucker
1 Prise Salz
4 Eier (Größe M)
170 g weiche Butter oder
Margarine

Für den Belag:
250 ml (¼ l) Schlagsahne
1 EL gesiebter Puderzucker
2 Pck. Sahnesteif
2 Becher (je 150 g) Knusper
Joghurt Vanille-Geschmack
mit Schokoballs (von Müller)

Zubereitungszeit:
40 Minuten, ohne Abkühlzeit
Backzeit:
50–60 Minuten

Insgesamt:
E: 66 g, F: 266 g, Kh: 432 g,
kJ: 18412, kcal: 4389

FÜR KINDER

1 Für den Teig Mehl mit Pudding-Pulver und Backpulver mischen, in eine Rührschüssel sieben. Zucker, Salz, Eier und Butter oder Margarine hinzufügen. Die Zutaten mit Handrührgerät mit Rührbesen zunächst kurz auf niedrigster, dann auf höchster Stufe in etwa 2 Minuten zu einem glatten Teig verarbeiten.

2 Den Teig in eine Tarte- oder flache Blütenform (Ø 28 cm, gefettet) geben und glatt streichen. Die Form auf dem Rost in den Backofen schieben.

Ober-/Unterhitze: etwa 180 °C (vorgeheizt)
Heißluft: etwa 160 °C (nicht vorgeheizt)
Gas: Stufe 2–3 (nicht vorgeheizt)
Backzeit: 50–60 Minuten.

3 Den Kuchen aus der Form lösen und auf einen mit Backpapier belegten Kuchenrost stürzen, Kuchen erkalten lassen.

4 Für den Belag Sahne steif schlagen. Puderzucker und Sahnesteif mischen und mit dem Joghurt verrühren. Sahne unterheben. Die Joghurt-Sahne-Masse wellenartig auf den Kuchen streichen. Die Knusperperlen (Schokoballs) kurz vor dem Servieren auf dem Kuchen verteilen.

Tipp: *Für diese Torte benötigen Sie insgesamt 270 g Vanillejoghurt. Wer keinen Joghurt mit Schokoballs bekommt, kann die Schokoballs z. B. durch Choco-Crossies, gehackte Florentiner oder Cornflakes mit Nusskernen ersetzen.*

Muttis Überraschungstorte

Zutaten

Für den All-in-Teig:

100 g Weizenmehl

30 g Speisestärke

15 g Kakaopulver

2 gestr. TL Backpulver

150 g Zucker

1 Pck. Vanillin-Zucker

3 Eier (Größe M)

Für den Belag:

1 Glas Wild-Preiselbeeren
(Abtropfgewicht 175 g)

250 g Magerquark

2 EL Milch

250 ml (¼ l) Schlagsahne

1 Pck. Vanillin-Zucker

1 Pck. Sahnesteif

Zubereitungszeit:

30 Minuten, ohne Abkühlzeit

Backzeit:

etwa 20 Minuten

Insgesamt:

E: 75 g, F: 105 g, Kh: 321 g,
kJ: 10635, kcal: 2537

EINFACH – SCHNELL

1 Für den Teig Mehl mit Speisestärke, Kakao und Back-pulver mischen, in eine Rührschüssel sieben. Zucker, Vanillin-Zucker und Eier hinzufügen. Die Zutaten mit Hand-rührgerät mit Rührbesen zunächst kurz auf niedrigster, dann auf höchster Stufe in etwa 1 Minute zu einem glatten Teig verarbeiten.

2 Den Teig in eine Springform (Ø 26 cm, Boden gefettet, mit Backpapier belegt) füllen und glatt streichen. Die Form auf dem Rost in den Backofen schieben.

Ober-/Unterhitze: etwa 180 °C (vorgeheizt)
Heißluft: etwa 160 °C (vorgeheizt)
Gas: Stufe 2–3 (vorgeheizt)
Backzeit: etwa 20 Minuten.

3 Den Tortenboden aus der Form lösen, auf einen Kuchen-rost stürzen, mitgebackenes Backpapier abziehen. Torten-boden erkalten lassen.

4 Für den Belag Preiselbeeren in einem Sieb gut abtropfen lassen. Quark und Milch verrühren. Preiselbeeren (einige zum Garnieren beiseite legen) unterheben.

5 Sahne mit Vanillin-Zucker und Sahnesteif steif schlagen und unter die Quark-Preiselbeer-Masse heben. Torten-boden auf eine Platte legen. Tortenoberfläche und -rand mit der Quark-Preiselbeer-Creme bestreichen. Mit einem Ess-löffel Vertiefungen in die Tortenoberfläche drücken und mit den beiseite gelegten Preiselbeeren garnieren.

Tipp: *Anstelle der Preiselbeeren können auch die gleiche Menge andere Früchte verwendet werden, z. B. Erdbeeren, klein geschnittene Aprikosen, Pfirsiche oder Kirschen, jedoch keine Kiwis und Ananas! Sie entwickeln zusammen mit dem Quark einen bitteren Geschmack.*

Karamell-Mascarpone-Torte mit Mango

(Fortsetzung Seite 102)

Zutaten

Für den All-in-Teig:

200 g Weizenmehl

2 gestr. TL Backpulver

125 g Zucker

1 Pck. Finesse Geriebene Zitronenschale

3 Eier (Größe M)

100 ml Speiseöl, 4 EL Milch

70 g gehackte Pekannuss-kerne

Für den Belag:

2 Dosen Mangos in Scheiben (Abtropfgewicht je 225 g)

etwa 300 ml Mangosaft aus der Dose

2 geh. EL Speisestärke

2 EL Wasser

4 Blatt weiße Gelatine

8 EL Karamellsirup (z. B. Sirop de Caramel von Monin)

250 g Mascarpone (italieni-scher Frischkäse)

200 ml Schlagsahne

einige Pekannusshälften

Zubereitungszeit:
80 Minuten, ohne Kühlzeit

Backzeit:
etwa 25 Minuten

1 Für den Teig Mehl mit Backpulver mischen und in eine Rührschüssel sieben. Restliche Zutaten hinzufügen und mit Handrührgerät mit Rührbesen zunächst kurz auf niedrigster, dann auf höchster Stufe in etwa 1 Minute zu einem glatten Teig verarbeiten. Den Teig in eine Springform (Ø 26 cm, Boden gefettet, mit Backpapier belegt) geben und glatt streichen. Die Form auf dem Rost in den Backofen schieben.

Ober-/Unterhitze: etwa 200 °C (vorgeheizt)
Heißluft: etwa 180 °C (vorgeheizt)
Gas: Stufe 3–4 (vorgeheizt)
Backzeit: etwa 25 Minuten.

2 Den Tortenboden aus der Form lösen und auf einen Kuchenrost stürzen. Mitgebackenes Backpapier ent-fernen. Tortenboden erkalten lassen.

3 Für den Belag Mangoscheiben in einem Sieb gut ab-tropfen lassen, Saft dabei auffangen. 3 Mangoscheiben und 4 Esslöffel von dem Saft beiseite stellen. Restliche Mangoscheiben in kleine Würfel schneiden. Speisestärke mit Wasser anrühren. Restlichen Mangosaft (250 ml [¼ l]) zum Kochen bringen. Angerührte Speisestärke unter Rühren in den von der Kochstelle genommenen Saft geben, kurz auf-kochen lassen. Mangowürfel unterheben, abkühlen lassen.

4 Den Tortenboden auf eine Platte legen. Einen Torten-ring darumstellen. Mangomasse auf dem Tortenboden verteilen. Torte kalt stellen.

5 Gelatine in kaltem Wasser nach Packungsanleitung ein-weichen, leicht ausdrücken. Die ausgedrückte Gelatine unter Rühren erwärmen (nicht kochen), bis sie völlig gelöst ist, leicht abkühlen lassen. Den beiseite gestellten Mangosaft (4 Esslöffel) unterrühren. Mascarpone mit Sirup gut ver-rühren. Etwas Mascarpone mit der Gelatine verrühren, dann

(Fortsetzung Seite 102)

mit dem restlichen Mascarpone verrühren. Sahne steif schlagen, unterheben. Die Creme auf der Mangomasse verteilen und glatt streichen. Torte etwa 3 Stunden kalt stellen. Den Tortenring lösen und entfernen.

6 Beiseite gestellte Mangoscheiben in Spalten schneiden. Die Torte mit den Mangospalten und Pekannusskernhälften garnieren.

Sherrytorte mit Zuckerkruste

Zutaten

Für den All-in-Teig:

150 g Weizenmehl

50 g Speisestärke

2 gestr. TL Backpulver

150 g Zucker

2 Eier (Größe M)

120 g zerlassene, abgekühlte Butter oder Margarine

5 EL trockener Sherry

Für den Belag:

2 Becher (je 500 g Sahnepudding Bourbon-Vanille (Kühlregal)

3 Eier (Größe M)

60 g Zucker

Zubereitungszeit:

40 Minuten, ohne Kühlzeit

Backzeit:

etwa 45 Minuten

1 Für den Teig Mehl mit Speisestärke und Backpulver mischen, in eine Rührschüssel sieben. Restliche Zutaten hinzufügen und mit Handrührgerät mit Rührbesen zunächst kurz auf niedrigster, dann auf höchster Stufe in etwa 2 Minuten zu einem glatten Teig verarbeiten.

2 Den Teig in eine Springform (Ø 26 cm, gefettet) geben und glatt streichen. Die Form auf dem Rost in den Backofen schieben und den Boden vorbacken.

Ober-/Unterhitze: etwa 180 °C (vorgeheizt)
Heißluft: etwa 160 °C (vorgeheizt)
Gas: Stufe 2–3 (vorgeheizt)
Backzeit: etwa 15 Minuten.

3 Für den Belag Pudding in eine Schüssel geben, Eier gut unterrühren. Die Pudding-Eier-Masse auf den vorgebackenen Boden geben und glatt streichen. Die Form wieder auf dem Rost in den Backofen schieben und die Torte **bei gleicher Backofeneinstellung in etwa 30 Minuten** fertig backen.

4 Die Form auf einen Kuchenrost stellen. Die Torte in der Form erkalten lassen.

5 Die erkaltete Torte mit Zucker bestreuen. Die Form auf dem Rost in den Backofen schieben und die Torte unter dem vorgeheizten Grill so lange überbacken, bis der Zucker hellbraun karamellisiert ist, erkalten lassen.

Campari-Frischkäse-Torte

Zutaten

100 g weiße
Crisp-Schokolade

Für den All-in-Teig:

150 g Weizenmehl

50 g Speisestärke

3 gestr. TL Backpulver

125 g Zucker

1 Pck. Vanillin-Zucker

3 Eier (Größe M)

175 g zerlassene, abgekühlte
Butter, 6 EL Milch

1 Pck. Tortenguss, klar

200 ml Orangensaft

50 ml Campari, 2 EL Zucker

Für die Nocken:

4 Blatt weiße Gelatine

2 TL Zitronensaft

1 TL Finesse Orangenfrucht

125 ml (⅛ l) Orangensaft

4 EL Campari, 400 g Doppel-
rahm-Frischkäse

75 g gesiebter Puderzucker

25 g gehackte Pistazienkerne

Zubereitungszeit:
40 Minuten, ohne Abkühlzeit

Backzeit:
etwa 30 Minuten

Insgesamt:
E: 105 g, F: 340 g, Kh: 539 g,
kJ: 24505, kcal: 5850

FRUCHTIG

1 Für den Teig Schokolade sehr fein hacken. Mehl mit Speisestärke und Backpulver mischen, in eine Rührschüssel sieben. Restliche Zutaten hinzufügen und mit Handrührgerät mit Rührbesen zunächst kurz auf niedrigster, dann auf höchster Stufe in etwa 2 Minuten zu einem glatten Teig verarbeiten. Schokoladenstückchen unterheben.

2 Den Teig in eine Tarte- oder Herrentortenform (Ø 28 cm, Boden gefettet) geben und glatt streichen. Die Form auf dem Rost in den Backofen schieben.

Ober-/Unterhitze: etwa 180 °C (vorgeheizt)
Heißluft: etwa 160 °C (vorgeheizt)
Gas: Stufe 2–3 (vorgeheizt)
Backzeit: etwa 30 Minuten.

3 Den Tortenboden 10 Minuten in der Form stehen lassen, dann aus der Form lösen und auf einem Kuchenrost erkalten lassen.

4 Aus Tortengusspulver, Orangensaft, Campari und Zucker nach Packungsanleitung einen Guss zubereiten und auf den Tortenboden geben. Guss fest werden lassen. Anschließend 12 Tortenstücke markieren.

5 Für die Nocken Gelatine in kaltem Wasser nach Packungsanleitung einweichen. Zitronensaft, Orangenfrucht und Orangensaft in einem Topf erhitzen (nicht kochen), von der Kochstelle nehmen. Gelatine ausdrücken und unter Rühren in dem Saft auflösen. Campari unterrühren. Frischkäse mit Puderzucker in einer Schüssel aufschlagen. Gelatinemischung unterrühren. Creme kalt stellen und etwas fest werden lassen.

6 Mit einem kalt abgespülten Esslöffel 12 Nocken von der Creme abstechen. Auf jedes markierte Tortenstück eine Nocke geben, restliche Creme (evtl. vorher etwas kalt stellen) in eine Kartoffelpresse geben und als Spaghetti auf die Tortenmitte geben. Torte kalt stellen. Vor dem Servieren mit Pistazienkernen bestreuen.

Leichte Maracujatorte

Für den All-in-Teig:
100 g Weizenmehl
3 gestr. TL Backpulver
75 g Zucker
1 Pck. Vanillin-Zucker
2 Eier (Größe M)
2 EL Speiseöl

Für den Belag:
12 Blatt weiße Gelatine
500 g Magerquark
250 ml (¼ l) Blutorangen-Getränk
250 ml (¼ l) Maracujasaft
100 g Zucker
250 ml (¼ l) Schlagsahne

Für den Guss:
1 Pck. Tortenguss, rot
250 ml (¼ l) Maracujasaft

Zubereitungszeit:
40 Minuten, ohne Kühlzeit
Backzeit:
15–20 Minuten

Insgesamt:
E: 128 g, F: 116 g, Kh: 390 g,
kJ: 13445, kcal: 3209

ERFRISCHEND

1 Für den Teig Mehl mit Backpulver mischen und in eine Rührschüssel sieben. Zucker, Vanillin-Zucker, Eier und Speiseöl hinzufügen. Die Zutaten mit Handrührgerät mit Rührbesen zunächst kurz auf niedrigster, dann auf höchster Stufe in etwa 1 Minute zu einem glatten Teig verarbeiten. Den Teig in eine Springform (Ø 26 cm, Boden gefettet, mit Backpapier belegt) geben und glatt streichen. Die Form auf dem Rost in den Backofen schieben.

Ober-/Unterhitze: etwa 200 °C (vorgeheizt)
Heißluft: etwa 180 °C (vorgeheizt)
Gas: Stufe 3–4 (vorgeheizt)
Backzeit: 15–20 Minuten.

2 Den Tortenboden auf einen mit Backpapier belegten Kuchenrost stürzen, mitgebackenes Backpapier abziehen. Tortenboden erkalten lassen und auf eine Platte legen, einen Tortenring darumstellen.

3 Für den Belag Gelatine in kaltem Wasser nach Packungsanleitung einweichen, leicht ausdrücken. Gelatine unter Rühren erwärmen (nicht kochen), bis sie völlig gelöst ist, leicht abkühlen lassen. Quark mit Orangen-Getränk, Saft und Zucker verrühren. Etwas von der Quarkmasse mit der Gelatine verrühren, dann mit der restlichen Quarkmasse verrühren, kalt stellen.

4 Sahne steif schlagen. Wenn die Quarkmasse anfängt dicklich zu werden, Sahne unterheben. Die Quark-Sahne-Masse auf den Tortenboden geben, glatt streichen und kalt stellen.

5 Für den Guss aus Tortengusspulver und Saft nach Packungsanleitung einen Guss zubereiten, leicht abkühlen lassen und vorsichtig auf der Creme verteilen. Guss fest werden lassen. Tortenring entfernen.

Tipp: *Die Torte nach Belieben mit weißen Schokolocken garnieren.*

Muffins & Küchlein

Rote Fruchtmuffins

Für den All-in-Teig:

170 g Weizenmehl

2 Pck. Rote Grütze Pudding-Pulver Himbeer-Geschmack

2 gestr. TL Backpulver

150 g Zucker

2 gestr. TL Finesse Geriebene Zitronenschale

3 Eier (Größe M)

150 g weiche Butter oder Margarine

1 Pck. (300 g) TK-Gemischte Beeren

Zum Bestäuben:
Puderzucker

Zubereitungszeit:
20 Minuten, ohne Abkühlzeit
Backzeit:
30–35 Minuten

Insgesamt:
E: 44 g, F: 151 g, Kh: 365 g,
kJ: 12652, kcal: 3016

FRUCHTIG

1 Für den Teig Mehl mit Pudding-Pulver und Backpulver mischen, in eine Rührschüssel sieben. Zucker, Zitronenschale, Eier und Butter oder Margarine hinzufügen. Die Zutaten mit Handrührgerät mit Rührbesen zunächst kurz auf niedrigster, dann auf höchster Stufe in etwa 2 Minuten zu einem glatten Teig verarbeiten.

2 Den Teig in eine Muffinform (für 12 Muffins, gefettet, gemehlt) geben und glatt streichen. Die gefrorenen Beeren darauf verteilen und leicht in den Teig drücken. Die Form auf dem Rost in den Backofen schieben.

Ober-/Unterhitze: etwa 180 °C (vorgeheizt)
Heißluft: etwa 160 °C (nicht vorgeheizt)
Gas: Stufe 2–3 (nicht vorgeheizt)
Backzeit: 30–35 Minuten.

3 Die Muffins 10 Minuten in der Form stehen lassen, dann aus der Form lösen und auf einem Kuchenrost erkalten lassen. Muffins vor dem Servieren mit Puderzucker bestäuben.

Gesichter-Muffins

Zutaten

Für den All-in-Teig:

100 g Weizenmehl

2 Pck. Gala Pudding-Pulver
Vanille-Geschmack

3 gestr. TL Backpulver

120 g Zucker

4 Eier (Größe M)

100 g weiche Butter oder
Margarine

3 EL Schlagsahne

**Zum Verzieren und
Garnieren:**

70 g gesiebter Puderzucker

1–2 EL Zitronensaft

einige Mini-Schokolinsen

Zubereitungszeit:
35 Minuten
Backzeit:
etwa 15 Minuten

Insgesamt:
E: 42 g, F: 124 g, Kh: 347 g,
kJ: 11177, kcal: 2665

FÜR KINDER

1 Für den Teig Mehl mit Pudding-Pulver und Backpulver mischen, in eine Rührschüssel sieben. Zucker, Eier, Butter oder Margarine und Sahne hinzufügen. Die Zutaten mit Handrührgerät mit Rührbesen zunächst kurz auf niedrigster, dann auf höchster Stufe in etwa 2 Minuten zu einem glatten Teig verarbeiten.

2 Den Teig in eine Muffinform (für 12 Muffins, gefettet, gemehlt) füllen. Die Form auf dem Rost in den Backofen schieben.

Ober-/Unterhitze: etwa 200 ° C (vorgeheizt)
Heißluft: etwa 180 °C (vorgeheizt)
Gas: Stufe 3–4 (vorgeheizt)
Backzeit: etwa 15 Minuten.

3 Die Muffins etwa 10 Minuten in der Form stehen lassen, dann vorsichtig aus der Form lösen und auf einem Kuchenrost erkalten lassen.

4 Zum Verzieren und Garnieren Puderzucker mit Zitronensaft zu einer dickflüssigen Masse verrühren, in einen kleinen Gefrierbeutel füllen und eine kleine Ecke abschneiden. Auf die Muffins jeweils ein Gesicht aufspritzen und mit Schokolinsen garnieren. Guss trocknen lassen.

Flocken-Muffins mit Pflaumen

Zutaten

Für den All-in-Teig:
180 g Weizenmehl
1 Pck. Trockenhefe
100 g kernige Haferflocken
120 g Zucker
1 Pck. Vanillin-Zucker
2 Eier (Größe M)
150 ml lauwarme Milch
4 EL Nussöl

Für die Füllung:
12 entsteinte Soft-Trocken-
pflaumen, z B. Seeberger
50 g Marzipan-Rohmasse

Zum Bestäuben:
Puderzucker

Zubereitungszeit:
25 Minuten, ohne Teiggehzeit
Backzeit:
etwa 25 Minuten

Insgesamt:
E: 63 g, F: 89 g, Kh: 396 g,
kJ: 11076, kcal: 2641

EINFACH

1 Für den Teig Mehl in eine Rührschüssel sieben, mit Trockenhefe und Haferflocken mischen. Zucker, Vanillin-Zucker, Eier, Milch und Nussöl hinzufügen. Die Zutaten mit Handrührgerät mit Rührbesen zunächst kurz auf niedrigster, dann auf höchster Stufe in etwa 2 Minuten zu einem glatten Teig verarbeiten. Den Teig so lange an einem warmen Ort gehen lassen, bis er sich sichtbar vergrößert hat.

2 Den Teig in eine Muffinform (für 12 Muffins, gefettet, gemehlt) geben und zugedeckt nochmals so lange an einem warmen Ort gehen lassen, bis er sich sichtbar vergrößert hat.

3 Für die Füllung Pflaumen der Länge nach tief einschneiden. Marzipan-Rohmasse in 12 Stücke schneiden, zu Rollen formen und in die Pflaumen stecken. Jeweils 1 gefüllte Pflaume in den Teig der einzelnen Förmchen drücken. Die Form auf dem Rost in den Backofen schieben.

Ober-/Unterhitze: etwa 180 °C (vorgeheizt)
Heißluft: etwa 160 °C (vorgeheizt)
Gas: Stufe 2–3 (vorgeheizt)
Backzeit: etwa 25 Minuten.

4 Die Muffins 10 Minuten in der Form stehen lassen, dann vorsichtig aus der Form lösen und auf einem Kuchenrost erkalten lassen. Die Muffins vor dem Servieren mit Puderzucker bestäuben.

Tipp: *Sie können statt Pflaumen auch 12 getrocknete Aprikosen, Feigen oder Datteln mit Marzipan füllen und in die Muffins stecken (die Muffins gehen erst beim Backen richtig auf).*

Petits Fours

Zutaten

Für den All-in-Teig:
200 g Weizenmehl
2 gestr. TL Backpulver
175 g Zucker
1 Pck. Vanillin-Zucker
6 Eier (Größe M)
250 g weiche Butter
125 g abgezogene,
gemahlene Mandeln

Für die Füllung:
250 g Kirschkonfitüre
5 EL Kirschwasser
5 EL Wasser
1 EL Zitronensaft

Für den Guss:
250 g gesiebter Puderzucker
1–2 EL Wasser

Für die Rosenblätter:
100 g Marzipan-Rohmasse
30 g gesiebter Puderzucker
einige Tropfen rote und
gelbe Speisefarbe

Zubereitungszeit:
75 Minuten, ohne Abkühlzeit
Backzeit:
etwa 30 Minuten

Insgesamt:
E: 102 g, F: 350 g, Kh: 818 g,
kJ: 29190, kcal: 6970

*MIT ALKOHOL –
DAUERT LÄNGER*

1 Für den Teig Mehl mit Backpulver mischen und in eine Rührschüssel sieben. Restliche Zutaten hinzufügen und mit Handrührgerät mit Rührbesen zunächst kurz auf niedrigster, dann auf höchster Stufe in etwa 2 Minuten zu einem glatten Teig verarbeiten. Den Teig auf ein Backblech (30 x 40 cm, gefettet, mit Backpapier belegt) geben und glatt streichen. Das Backblech in den Backofen schieben.

Ober-/Unterhitze: 180–200 °C (vorgeheizt)
Heißluft: 160–180 °C (vorgeheizt)
Gas: etwa Stufe 3 (vorgeheizt)
Backzeit: etwa 30 Minuten.

2 Die Gebäckplatte auf einen Kuchenrost stürzen, mitgebackenes Backpapier abziehen. Gebäckplatte erkalten lassen. Aus der Gebäckplatte mit einem Ausstecher oder einem Glas (Ø 6 cm) runde Plätzchen ausstechen. Gebäckreste zerbröseln.

3 Für die Füllung Gebäckbrösel mit Konfitüre, Kirschwasser, Wasser und Zitronensaft vermengen. Die Hälfte der Gebäckplätzchen damit bestreichen, mit der anderen Hälfte belegen und leicht andrücken.

4 Für den Guss Puderzucker mit Wasser zu einer dickflüssigen Masse verrühren. Das Gebäck damit bestreichen. Guss fest werden lassen.

5 Für die Rosenblätter Marzipan-Rohmasse mit Puderzucker verkneten. Masse halbieren, eine Hälfte mit rosa und eine Hälfte mit gelber Speisefarbe einfärben.

6 Aus der Marzipan-Masse kleine Kugeln formen, diese in der Hand flach drücken, so dass Rosenblätter entstehen, leicht wölben und trocknen lassen. Das Gebäck damit garnieren.

Nussfladen mit Olivenöl

Zutaten

Zum Vorbereiten:
**100 g gemahlene Hasel-
nusskerne**
125 g Weizen-Vollkornmehl
1 Dose Pfirsichhälften
(Abtropfgewicht 480 g)

Für den All-in-Teig:
2 gestr. TL Backpulver
120 g Zucker
**1 Pck. Bourbon-Vanille-
Zucker**
2 Eier (Größe M)
6 EL Olivenöl
**5 EL Pfirsichsaft aus der
Dose**

Für den Belag:
120 g Aprikosenkonfitüre
**1 EL Pfirsichsaft aus der
Dose**

Zubereitungszeit:
40 Minuten, ohne Abkühlzeit
Backzeit:
15–20 Minuten je Backblech

Insgesamt:
E: 44 g, F: 137 g, Kh: 387 g,
kJ: 12398, kcal: 2959

FÜR KINDER

1 Zum Vorbereiten Haselnusskerne in einer Pfanne ohne Fett hellbraun rösten. Anschließend Mehl hinzugeben und mit anrösten. Pfirsichhälften in einem Sieb gut abtropfen lassen und den Saft dabei auffangen. Pfirsichhälften in dünne Spalten schneiden.

2 Für den Teig die Haselnuss-Mehl-Mischung mit Backpulver mischen und in eine Rührschüssel geben. Zucker, Vanille-Zucker, Eier, Olivenöl und 5 Esslöffel von dem aufgefangenen Saft hinzufügen. Die Zutaten mit Handrührgerät mit Rührbesen zunächst kurz auf niedrigster, dann auf höchster Stufe in etwa 2 Minuten zu einem glatten Teig verarbeiten.

3 Mit einem Esslöffel jeweils 6 große Kleckse Teig auf zwei Backbleche (30 x 40 cm, mit Backpapier belegt) geben und je zu einem runden Fladen (Ø 8–10 cm) verstreichen. Pfirsichspalten darauf verteilen. Die Backbleche nacheinander (bei Heißluft zusammen) in den Backofen schieben.

Ober-/Unterhitze: etwa 200 °C (vorgeheizt)
Heißluft: etwa 180 °C (vorgeheizt)
Gas: Stufe 3–4 (vorgeheizt)
Backzeit: 15–20 Minuten je Backblech.

4 Die Backbleche auf Kuchenroste stellen. Nussfladen erkalten lassen.

5 Zum Bestreichen Konfitüre und 1 Esslöffel von dem aufgefangenen Pfirsichsaft in einem kleinen Topf zum Kochen bringen und durch ein Sieb streichen. Die Nussfladen mit der Konfitüre bestreichen. Trocknen lassen.

Tipp: *Nach Belieben mit gehobelten Haselnusskernen bestreuen.*

Sambuca-Kaffee-Törtchen

Zutaten

Für den All-in-Teig:

125 g Weizenmehl

1 geh. TL Kakaopulver

2 gestr. TL Backpulver

125 g Zucker

1 Pck. Vanillin-Zucker

3 Eier (Größe M)

125 g weiche Butter oder
Margarine

50 g Mokkaschokolade

Für den Belag:

2 Schnapsgläser (je 4 cl)
Sambuca (italienischer
Anislikör)

1 geh. EL lösliches Kaffeepulver

2 Pck. Paradiescreme Sahne-
Karamell-Geschmack

400 ml Milch

1 gestr. EL Kakaopulver

12 Schoko-Mokkabohnen

Zubereitungszeit:

30 Minuten, ohne Abkühlzeit

Backzeit:

etwa 15 Minuten

Insgesamt:

E: 58 g, F: 180 g, Kh: 415 g,
kJ: 15450, kcal: 3683

*FÜR GÄSTE –
MIT ALKOHOL*

1 Für den Teig Mehl mit Kakao und Backpulver mischen, in eine Rührschüssel sieben. Zucker, Vanillin-Zucker, Eier und Butter oder Margarine hinzufügen. Die Zutaten mit Handrührgerät mit Rührbesen zunächst kurz auf niedrigster, dann auf höchster Stufe in etwa 2 Minuten zu einem glatten Teig verarbeiten. Schokolade fein hacken und unterrühren.

2 Den Teig in 12 Tortelettförmchen (Ø 12 cm, gut gefettet, gemehlt) verteilen und glatt streichen. Die Förmchen auf dem Rost in den Backofen schieben.

Ober-/Unterhitze: etwa 200 °C (vorgeheizt)
Heißluft: etwa 180 °C (vorgeheizt)
Gas: Stufe 3–4 (vorgeheizt)
Backzeit: etwa 15 Minuten.

3 Die Törtchen 5 Minuten in den Förmchen stehen lassen, dann aus den Förmchen lösen und auf einen Kuchenrost stürzen. Törtchen erkalten lassen.

4 Für den Belag Sambuca leicht erwärmen (nicht kochen lassen), Kaffeepulver unter Rühren darin auflösen. Paradiescreme nach Packungsanleitung – aber mit nur 400 ml Milch und der Sambuca-Kaffee-Mischung – zubereiten. Die Creme in einen Spritzbeutel mit Lochtülle füllen und fünf flache Tupfen im Kreis und einen Tupfen in die Mitte der Törtchen spritzen. Törtchen kalt stellen.

5 Die Törtchen vor dem Servieren mit Kakao bestäuben und mit Mokkabohnen garnieren.

Tipp: *Sambuca ist ein italienischer Likör aus Anis und Holunder; er wird oft mit gerösteten Kaffeebohnen serviert. Wenn Sie keinen Sambuca mögen, können Sie ihn auch gegen Kaffeelikör austauschen. Statt löslichem Kaffee können Sie auch einen Tassenbeutel Cappuccinopulver verwenden und unter die fertige Creme rühren. Wer es fruchtiger mag, kann die gebackenen Törtchen zuerst mit Aprikosenkonfitüre oder Orangenmarmelade bestreichen.*

Ananas-Kreisel

Zutaten

Zum Vorbereiten:
1 Dose Ananasscheiben, natursüß (Abtropfgewicht 260 g, 8 Scheiben)
25 g Kokosraspel

Für den All-in-Teig:
120 g Weizenmehl
2 gestr. EL Kakaopulver
2 gestr. TL Backpulver
100 g Zucker
1 Pck. Vanillin-Zucker
75 g Kokosraspel
2 Eier (Größe M)
4 EL Speiseöl
4 EL Ananassaft aus der Dose

Zum Verzieren:
75 g dunkle Kuchenglasur

Zubereitungszeit:
40 Minuten, ohne Abkühlzeit
Backzeit:
etwa 20 Minuten

Insgesamt:
E: 41 g, F: 145 g, Kh: 301 g,
kJ: 11137, kcal: 301

RAFFINIERT

1 Zum Vorbereiten Ananasscheiben in einem Sieb gut abtropfen lassen, den Saft dabei auffangen und 4 Esslöffel davon abmessen. Ananasscheiben mit Küchenpapier trockentupfen und in Kokosraspeln wälzen. Ananasscheiben auf ein Backblech (mit Backpapier belegt) legen.

2 Für den Teig Mehl, Kakao und Backpulver in eine Rührschüssel sieben. Zucker, Vanillin-Zucker, Kokosraspel, Eier, Speiseöl und Ananassaft hinzufügen. Die Zutaten mit Handrührgerät mit Rührbesen zunächst kurz auf niedrigster, dann auf höchster Stufe in etwa 2 Minuten zu einem glatten Teig verarbeiten.

3 Den Teig mit einem Esslöffel auf die vorbereiteten Ananasscheiben geben. Das Backblech in den Backofen schieben.

Ober-/Unterhitze: etwa 200 °C (vorgeheizt)
Heißluft: etwa 180 °C (vorgeheizt)
Gas: Stufe 3–4 (vorgeheizt)
Backzeit: etwa 20 Minuten.

4 Das Backblech auf einen Kuchenrost stellen. Ananas-Kreisel erkalten lassen.

5 Zum Verzieren Kuchenglasur nach Packungsanleitung auflösen. Die Ananas-Kreisel damit verzieren. Glasur trocknen lassen.

Tipp: *Wenn Sie zum Backen der Ananas-Kreisel Weißbleche verwenden, dann die Kokosraspel zum Wälzen vorher in einer Pfanne ohne Fett goldbraun rösten und erkalten lassen.*

Ratgeber

All-in-Teig

Der All-in-Teig ist eigentlich ein schneller Rührteig, der einfach und unkompliziert zuzubereiten ist. Er wird aus den gleichen Zutaten wie der Rührteig, nämlich aus Mehl, evtl. Speisestärke oder Puddingpulver, Backulver, Zucker, Aroma, Butter, Margarine oder Öl und Eiern zubereitet. Der einzige Unterschied besteht darin, dass die Zutaten auf einmal miteinander verrührt werden und nicht nacheinander. Alle Zutaten für den Teig werden in eine Schüssel (All-in) gegeben und mit den Rührbesen des Handrührgerätes in 1–2 Minuten zu einem glatten Teig verarbeitet. Der Teig hat eine etwas weniger lockere Porung als der Rührteig, ist für Teige ohne schwere Zutaten aber sehr gut geeignet.

Backofen vorheizen

Backofen bei Ober- und Unterhitze grundsätzlich vorheizen. Wenn die Backzeit 30 Minuten und weniger beträgt, wird der Backofen auch bei Heißluft oder Gas vorgeheizt. Bei einer Backzeit über 30 Minuten ist ein Vorheizen bei Heißluft oder Gas nicht notwendig.

Backofen vorbereiten

Die Backform, das Backblech oder die Muffinsform mit streichfähiger Margarine oder Butter gut und gleichmäßig mit einem Pinsel ausfetten. Kein Öl verwenden, da dieses am Rand der Form herunterlaufen würde.
Bei Springformen nur den Boden fetten, damit der Teig beim Backen am Rand Halt findet. Damit sich der Kuchen nach dem Backen besser löst, Kastenform, Gugelhupfform oder Muffinform evtl. nach dem Fetten mehlen, mit Semmelbröseln, gemahlenen Nusskernen oder Mandeln ausstreuen und durch Klopfen und Drehen der Form verteilen. Oder die Kastenform fetten und mit Backpapier auslegen. Dadurch lässt sich das Gebäck besser aus der Form nehmen.

Mehl und Backpulver mischen und sieben. Ist zusätzlich Speisestärke (oder Puddingpulver) oder Kakaopulver angegeben, so wird es mit dem Mehl gemischt. Das Sieben lockert das Mehl auf und verteilt das Backpulver (Speisestärke, Puddingpulver oder Kakaopulver) gleichmäßig im Mehl. Das Gebäck wird dadurch lockerer.
Vollkornmehl und Backpulver nur mischen. Durch die gröbere Beschaffenheit des Vollkornmehls ist ein Sieben nicht möglich.

Übrige Zutaten hinzufügen

Mehl in eine Rührschüssel geben, die übrigen Zutaten wie Zucker, Vanillin-Zucker, Gewürze (Aromen), Eier, weiches Fett oder flüssiges Öl und evtl. Flüssigkeit hinzufügen. Die Zutaten kurz auf niedrigster, dann auf höchster Stufe in 2 Minuten zu einem glatten Teig verarbeiten. Wenn der Teig reichlich Flüssigkeit und Öl enthält, reicht 1 Minute Rührzeit, ansonsten sollten Sie 2 Minuten rühren.

Teig in die vorbereitete Form füllen

Den fertigen Teig am besten mit einer Teigkarte oder einem Teigschaber in die vorbereitete Form füllen und glatt streichen. Die Form sollte nicht mehr als zu etwa zwei Dritteln mit Teig gefüllt sein.

Das Backen von All-in-Teig

All-in-Teig wird sofort nach der Zubereitung gebacken und zwar nach den Angaben unter den Rezepten. Formen werden auf dem Rost in den Backofen geschoben.
Nach Beendigung der angegebenen Backzeit empfiehlt es sich, eine Garprobe zu machen. Kuchen in Formen nach dem Backen erst 10 Minuten in der Form stehen lassen und anschließend auf einen Kuchenrost stürzen oder legen. Böden aus Obstbodenformen sofort stürzen. Das Gebäck auf dem Kuchenrost erkalten lassen.

Grundrezept für 1 Springform
(Ø 26 cm) oder Obstbodenform (Ø 28 cm)

Zutaten

Für den All-in-Teig
100 g Weizenmehl
2 gestr. TL Backpulver
evtl. für den dunklen Teig
zusätzlich 1 EL Kakapulver
100 g Zucker
1 Pck. Vanillin-Zucker
1 Prise Salz
100 g weiche Butter oder
Margarine oder 100 ml
neutrales Speiseöl
3 Eier (Größe M)

1 Fetten Sie den Boden der Springform oder die Obstbodenform.

2 Für den Teig Mehl mit Backpulver und evtl. Kakaopulver mischen und in eine Rührschüssel sieben. Übrige Zutaten für den Teig hinzufügen und alles mit einem Handrührgerät mit Rührbesen zunächst kurz auf niedrigster, dann auf höchster Stufe in etwa 2 Minuten zu einem glatten Teig verarbeiten.

3 Den Teig in die vorbereitete Springform oder Obstbodenform geben und glatt streichen. Die Form auf dem Rost in den Backofen schieben.

Ober-/Unterhitze: etwa 180 °C (vorgeheizt)
Heißluft: etwa 160 °C (vorgeheizt)
Gas: Stufe 2–3 (vorgeheizt)
Backzeit: etwa 20 Minuten.

4 Den Springformrand lösen und entfernen, den Gebäckboden vom Springformboden lösen und auf einem Kuchenrost erkalten lassen. Oder den Obstboden nach dem Backen auf einen mit Backpapier belegten Kuchenrost stürzen und erkalten lassen.

Tipp: *Den Boden nach Wunsch belegen, z. B. mit 500 g vorbereitetem Obst der Saison, z. B. Erdbeeren, Himbeeren oder Pfirsiche. 1 Päckchen Tortenguss nach Packungsanleitung zubereiten, Obst damit überziehen und den Guss fest werden lassen.*

Kapitelregister

Kapitelregister

Torten

Muffins und Küchlein

Alphabetisches Register

Alphabetisches Register

Umwelthinweis	Dieses Buch und der Einband wurden auf chlorfrei gebleichtem Papier gedruckt. Die Einschrumpffolie – zum Schutz vor Verschmutzung - ist aus umweltfreundlichem und recyclingfähigem PE-Material.
	Wenn Sie Anregungen, Vorschläge oder Fragen zu unseren Büchern haben, rufen Sie uns unter folgender Nummer an (05 21) 155 25 80 oder 52 06 50 oder schreiben Sie uns: Dr. Oetker Verlag KG, Am Bach 11, 33602 Bielefeld.
	Bei den in diesem Buch verwendeten Rezeptnamen handelt es sich zum Teil um eingetragene Marken.
Wir danken für die freundliche Unterstützung	Masterfoods, Viersen Schwartauer Werke, Bad Schwartau Molkerei Alois Müller, Fischacht-Aretsried
Copyright	© 2003 by Dr. Oetker Verlag KG, Bielefeld
Redaktion	Carola Reich, Annette Riesenberg
Titelfotos	Thomas Diercks, Hamburg
Innenfotos	Thomas Diercks, Hamburg (S. 9, 11, 15, 17, 21–37, 41–49, 53–61, 65–83, 87, 91, 93, 97, 101–105, 109, 111, 113, 117–121) Ulrich Kopp, Füssen (S. 95) Bernd Lippert, Bielefeld (S. 19, 51, 85, 89) Brigitte Wegner, Bielefeld (S. 5, 13, 39, 63, 107, 115) Norbert Toelle, Bielefeld (S. 99)
Rezeptentwicklung und -beratung	Anke Rabeler, Berlin Mechthild Plogmaker, Versuchsküche Dr. Oetker, Bielefeld
Grafisches Konzept	Björn Carstensen, Hamburg
Gestaltung	kontur:design, Bielefeld
Titelgestaltung	kontur:design, Bielefeld
Reproduktionen	Fotolito Longo, Bozen, Italien
Satz	Typografika, Bielefeld
Druck und Bindung	Appl Druck GmbH & Co KG, Wemding

ISBN 3-7670-0255-8